AF318872

LA VIE

DU PERE CHARLES

SPINOLA

DE LA COMPAGNIE

DE JESUS.

Par le P. PIERRE JOSEPH D'ORLEANS *de la mesme Compagnie.*

A PARIS,

Chez ESTIENNE MICHALLET ruë S. Jaques, à l'Image S. Paul.

M. DC. LXXXI.

Avec Privilege & Approbation.

A MONSEIGNEUR
MESSIRE
FRANÇOIS
DE HARLAY
DE CHANVALON,
ARCHEVESQUE DE PARIS,
DUC ET PAIR DE FRANCE.

MONSEIGNEUR,

Le zele que vous avez
pour la Religion, m'a fait

juger que la vie d'un homme, qui a passé les Mers pour l'aller prescher aux extrémitez de la Terre, ne vous seroit pas desagréable.

C'est la mesme Foy que vous maintenez en France contre l'erreur & les nouveautez, que ce grand Ministre de l'Evangile est allé défendre au Japon contre l'Idolatrie & les Tyrans. Vous avez cét avantage pardessus luy, que vous travaillez de concert avec le plus grand Roy du monde à la conservation de l'Eglise, à laquelle si vous estes un Ambroise, il est quelque chose de plus qu'un Theodose.

Si ce secours soulage vos travaux, il ne diminuë pas vostre mérite : Il faut que vous en ayez un grand fonds, pour avoir au point que vous l'ayez la confiance de ce Monarque, dont le choix est le plus bel éloge que puisse recevoir la Vertu.

Cét endroit de vostre vie, MONSEIGNEUR, épargnera à vostre modestie le détail que je pourrois faire icy, des rares qualitez qu'on admire en vous. Je ne parleray point de ce génie sublime qui vous rend l'O-racle du Clergé de France;

Je ne diray rien de cette continuelle, & infatigable application aux affaires de vostre Diocése, malgré tant d'autres que vostre capacité, & la confiance qu'on a en vos lumiéres vous attire de tout le Royaume: Je dis plus que tout cela, quand je dis que vous estes celuy, dont les veüës pour la gloire de l'Eglise, ont eû le bonheur de plaire au plus clair-voyant, & au plus zélé protecteur qu'elle eût jamais.

Digne de l'estime d'un Conquérant qui seroit le plus grãd Homme du monde, quand il n'en seroit pas le plus grand

Roy, vous devez estre peu
touché des loüanges que vous
donnent les hommes vulgai-
res. Je veux néanmoins es-
pérer, que sous les auspices
du Saint Martyr, dont je
vous présente la Vie, vous
agréerez la respectueuse &
sincére protestation que je
fais, d'estre éternellement,

MONSEIGNEUR,

De V. G.

Le tres-humble, & tres-
obeïssant serviteur PIERRE
JOSEPH D'ORLEANS, de la
Compagnie de JESUS.

AVERTISSEMENT.

'Est un trésor dans les Ordres Religieux, que la vie de certaines personnes d'une sainteté extraordinaire, que Dieu leur donne de temps en temps, pour servir d'ornement au corps, & d'exemple aux particuliers.

Une des plus grandes bénédictions que Dieu ait versé sur nostre Compagnie, est de l'avoir rendu abondante en cette sorte de richesses. On peut dire sans blesser la modestie, qu'il y a peu de Congrégations dans l'Eglise, où il se soit formé un plus grand nombre de

personnes d'une perfection émi-
nente, soit dans la vie Apostolique, soit dans la vie Commu-
ne & Régulière, soit mesme
dans les diférens estats de la
vie Mystique & Contemplative.

Il ne tiendra qu'à nos Ecri-
vains, que le Public ne profite
de ces grands modéles de sainteté. Nos Anciens nous en
ont laissé des mémoires, aus-
quels il ne reste qu'à donner
une forme un peu plus polie, &
plus au goust de nostre siécle.

Le Pere Bouhours & le Pere
Verjus ont fait voir, que ce
n'est pas enfouïr le talent de
bien écrire, que de l'employer
en ces sortes d'ouvrages : la
maniére dont les gens d'esprit
ont receû la vie de S. Ignace,
& celle de S. François de Bor-
ẽ

gia, & l'attente ou je vois que l'on est de celle de S. François Xavier, montre que les Vies des Saints sont capables de ce mélange de l'agréable & de l'utile, qui est le chef-d'œuvre de l'Art.

Je me connois trop, pour me flater d'avoir donné de pareils agréemens à la Vie du Pere Spinola, pourvû seulement que la Compagnie la reçoive aussi favorablement, qu'elle a receû celle du B. Stanislas Kostka, je seray content de sa fortune.

Quand les Livres de cette nature ne produiroient point d'autre fruit, que de nous don_ ner à nous autres cette estime de nostre vocation, qui est le fondement de toutes les Ver- tus Religieuses, le temps d'un

Ecrivain y feroit bien employé. Pour moy j'avouë qu'en
lifant noftre Hiftoire, je regarde la Compagnie où Dieu
m'a appellé, ornée des Vertus de tant de Saints, avec le
mefme plaifir que Saint Am-
broife regardoit la fécondité
de l'Eglife. Sur tout ce m'a
efté une grande confolation, *lib. de
vid.*
de penfer en parcourant di-
verfes relations, des Païs où le
Pere Spinola a vefcu, que j'ay
l'honneur de porter l'Habit de
tant d'Hommes Apoftoliques,
qui marchant fur les pas de
S. François Xavier, ont formé
cette belle Chreftienté du Japon, de la Chine, & du Ton-
quin, fi fertile en Chreftiens
pour l'Eglife, & en Croix pour
fes Fondateurs.

APPROBATION.

JE souſſigné Provincial de la Compagnie de JESUS de la Province de France, permets au Pere P. J. d'Orleans, d'imprimer un Livre qu'il a compoſé, intitulé *la Vie du Pere Spinola*, approuvé par trois Theologiens de noſtre meſme Compagnie. Fait à Paris, ce 30. Novembre 1680

PIERRE DE VERTHAMON.

Extrait du Privilege du Roy.

PAr Grace & Privilege du Roy, en datte du 21. Octobre 1680. Signé LE PETIT. Il eſt permis à ESTIENNE MICHALLET Marchand Libraire à Paris, d'imprimer ou faire imprimer pendant le temps de ſix années, un Livre intitulé *la Vie du P. Charles Spinola de la Compagnie de* JESUS, avec deffences à tous Imprimeurs Libraires, & autres, d'en imprimer, vendre, ny debiter pendant ledit temps ſans le conſentement de l'Expoſant, à peine de trois mil livres d'amende, &c.

Regiſtré ſur le Livre de la Communauté des Marchands Libraires, le 9. *Decembre* 1680.

Signé, ANGOT *Sindic.*

LA

LA VIE
DU PERE CHARLES
SPINOLA
DE LA
COMPAGNIE DE JESUS.

LIVRE PREMIER.

CHARLES SPINOLA fils d'Octave Comte de Tassarole nasquit à Gennes l'an 1564. Aussi-tost qu'il fut en âge d'apprendre le Latin, on le mit au Collège : mais ses études fu-

Naissance du P. Spinola.

Son éducation.

A

rent interrompuës par un voyage que le Comte son pére fit
en Espagne, où il mena sa famille.

Ce voyage ne fut pas néanmoins fort long. Le Comte qui
vouloit que son fils étudiast, le
ramena incontinent en Italie;
& comme l'expérience fait voir
que les enfans de qualité ne s'é-
lévent presque jamais bien dans
la maison paternelle, il l'envoya à Nole au Cardinal Spinola son frére, qui en estoit
alors Evesque. Le Cardinal
qui sçavoit les bonnes disposi-
tions qu'avoit son neveu pour
recevoir une éducation heureuse, en prit volontiers le soin,
& luy donna un appartement
dans son Palais, d'où il l'envoyoit tous les jours aux Jesui-

tes pour continuer ses études.

Charles avança si fort en peu de temps, que le Cardinal jugeant qu'il estoit capable de joindre les exercices de l'Académie à ceux du Collége, fit venir des Maistres pour les luy apprendre.

L'application qu'il apporta à tant de diverses occupations, marque qu'il agissoit déslors par cette belle maxime, qui a servi depuis de régle à toutes les grandes actions de sa vie : *Faites bien ce que vous faites.* Car il fut susceptible dés ses plus tendres années de tous les sentimens des hommes sages. Il avoit le jugement solide & le sens droit, l'ame noble, grande, capable d'un dessein extraordinaire, & dans ses entreprifes un courage & une conftance à l'épreuve de tous les obftacles. Aprés fa mort un de fes amis fit voir une lettre de luy, dans laquelle il avoüoit qu'il eftoit né plein d'ambition, qu'il aimoit naturellement la gloire, & que s'il fuft demeuré dans le monde, il n'euft point voulu de fortune, que celle qui eft le fruit d'une belle réputation.

Avec de femblables difpofitions, quoyqu'il ne fe déclaraft point encore ni pour l'épée ni pour l'Eglife, il eftoit aifé de juger que quelque profeffion qu'il embraffaft, il y feroit un jour un grand homme.

Le jeune Comte vefcut ainfi jufqu'à l'âge de dix-neuf ans felon la prudence des enfans du fiécle, attendant pour choifir un eftat de vie, ou que la libéralité du Cardinal fon oncle luy ouvrift la porte aux honneurs Ecclefiaftiques, ou que l'Empereur, dont le Comte fon pere eftoit grand Ecuyer, luy donnaft quelque employ qui luy fervift d'entrée dans le monde. Mais Dieu qui en vouloit faire un enfant de lumiere, effaça bien-toft de fon efprit toutes ces vaines idées de la grandeur humaine, & luy infpira le défir de cette gloire folide, que trouvent les humbles de cœur en la Croix de JESUS-CHRIST.

Sa vocation commença d'une maniére qui n'eft pas ordinaire à cét âge. La providence qui agit avec douceur, & qui

A iij

accommode ſes graces au tem-
pérament de ceux qui les re-
çoivent, a couſtume d'appeller les jeunes perſonnes à la vie
religieuſe par les ſentimens
d'une devotion tendre, & aſſez ſouvent meſme par je ne
ſçay quel attrait qu'a naturellement cette vie tranquille :
parce que l'eſprit encore peu
éclairé à cét âge ſuit aiſément le penchant du cœur.
Mais elle n'en uſe pas d'ordinaire ainſi à l'égard des hommes faits, à qui l'expérience
& un long uſage du monde a
donné plus de lumiére.   Elle
leur gagne au contraire le cœur
par l'eſprit, & leur inſpire le déſir de ſe donner à Dieu, en
leur faiſant comprendre par les
profondes meditations qu'elle

leur fait faire sur les véritez
éternelles, que l'on ne trouve
de repos, & de solide bon-
heur qu'en luy seul. L'esprit
meûr & avancé de Charles
Spinola se trouvant tout disposé à cette derniére sorte de vocation, Dieu luy découvrit le
danger qu'il y a de se perdre
dans le monde, au moment
qu'il y alloit entrer : il eut hor-
reur du siécle lors qu'il l'en-
visagea de prés, & plus il en
considéra toutes les routes, plus
elles luy parurent incertaines,
& pleines d'écuëils.

Il avoit déja résolu de quitter
le monde, & il en estoit sur
le choix d'une Religion, lors
qu'on apprit en Italie la mort
illustre du Pére Rodolphe
Aquaviva fils du Duc d'Atri,

A iiij

qui avec quelques autres Miſſionnaires de la Compagnie, venoit de ſouffrir le Martyre pour la Foy dans les Indes Orientales. Charles trouva dans cette mort quelque choſe de ſi glorieux, & de ſi digne d'envie, qu'il ſe ſentit au meſme inſtant tranſporté de déſir pour le martyre, & ne penſa plus qu'à s'y diſpoſer, en embraſſant le meſme genre de vie qu'avoient ſuivi ces hommes Apoſtoliques. A quoy ne contribua pas peu auſſi le diſcours que luy tint un jour un fort grand Serviteur de Dieu, qui le tirant à quartier, luy dit ces paroles, qu'il eût toûjours depuis ce temps-là profondément gravées dans le cœur. *Charles, vous ſerez Iéſuite, vous irez au Iapon,* &

on luy prédit qu'il ira au Iapon.

*vous aurez le bon-heur d'y ré-
pandre voftre fang pour* JESUS-
CHRIST.

La grace de la vocation re-
ligieufe eft preffante : quand
une ame en eft touchée, elle regarde le monde comme le
peuple d'Ifraël regardoit l'E-
gypte pendant qu'il y eftoit en
captivité, & foupire aprés la
Religion comme aprés une
terre promife, où elle a éta-
bli fon repos & tout le bon-
heur de fa vie. Charles qui
eftoit d'ailleurs d'un naturel
plein de feu, ne fut pas long-
temps fans découvrir fon def-
fein au Recteur des Jefuites de
Nole, & il en écrivit bien-toft
aprés au Provincial : mais quelque impatience qu'il eûft d'eftre
receû, il fallut attendre que

les Péres eûſſent éxaminré ſa vocation, & que ſes parens l'eûſſent éprouvée.

Il eût beſoin de toute la conſtance & de toute la ferme-té de ſon courage pour ſur-monter leur réſiſtance. Com-me il ſçavoit bien néanmoins que le Cardinal Spinolà ſon oncle ſeroit maiſtre de l'af-faire, & que l'autorité qu'il avoit dans ſa famille feroit ai-ſément joindre à ſes ſentimens le Comte ſon pére, & le reſte de ſes proches, il crut qu'il de-voit ſur toutes choſes s'atta-cher à le gagner. Il luy écrivit à Rome, où il eſtoit alors, des lettres fort empreſſées, & il n'obmit rien de ce qu'il s'ima-gina capable de le fléchir. Mais enfin voyant qu'il n'en

recevoit point de réponse posi-
tive, & qu'il trouvoit toujours
quelque prétexte pour différer;
un jour que le Cardinal avoit
mandé qu'il falloit attendre le
retour du Recteur de Nole, qui
estoit allé faire un voyage, &
qu'il luy feroit sçavoir plus particuliérement ses intentions par
ce Pére, il luy écrivit cette lettre pleine d'une sainte impatience, & qui marquoit un esprit
résolu à mettre en usage les
moyens les plus extraordinaires,
pour venir à bout de son entreprise.

On m'a dit que le Pere Re-
cteur ne reviendroit pas de
long-temps : ainsi ne le pouvant
attendre, ie supplie Vostre Emi-
nence de m'envoyer par le pré-

mier ordinaire la permiſſion que
ie luy demande, afin que ie puiſſe entrer dans la Compagnie le
iour de Saint Thomas. Ie la con-
iure de ne differer plus, car
ie ne puis plus ſouffrir de retardement. Nous n'avons pas beſoin
du Pére Recteur; le Pére Provincial eſt icy qui me recevra. Si
Voſtre Eminence avoit deſſein de
me remettre iuſqu'à ce que i'euſſe
eû réponſe de mon Pére, ie luy
déclare que ie ne l'attendray
point. Ie n'ay meſme traitté cette
affaire avec vous, que par reſpect
& par bien-ſéance; car ie ſuis perſuadé que pour éxécuter de pareils
deſſeins on n'a beſoin du congé de
perſonne. Ainſi ſi ie ſuis aſſez mal-
heureux pour ne pas obtenir celuy
que ie vous demande, ie ſeray
enfin contraint d'uſer du droit

que Dieu me donne. I'iray m'enfermer chez les Péres ; ils n'au-
ront pas le courage de me chaf-
fer, sçachant qu'ils doivent plus
de respect aux ordres de Dieu
qui m'appelle chez eux, qu'à la
volonté des hommes qui veulent
m'empescher d'y entrer. Quand
ils me fermeroient laporte, i'au-
rois assez de hardiesse pour en écrire au Pére Général , & ie crois
mesme que mon zéle me porteroit à
implorer l'assistance du Souverain
Pontife. Au pis aller, ie trouveray
toûiours quelque coin dans les extrémitez du monde pour y vivre
de racines & d'eau; car si Dieu est
pour moy, qui sera contre ? Si ce que
ie vous écris icy est trop fort , iu-
gez par là de l'ardent désir que
i'ay de suivre ma vocation. I'espe-
re qu'un Cardinal de la Sainte

Eglise, n'employera pas l'auto-rité que luy donne une dignité si Auguste, pour empescher qu'une personne qui a l'honneur d'estre son neveu ne ioüisse d'un si grand bien, & qu'ayant toûiours aimé la Compagnie, comme vous avez fait, vous m'aiderez de vostre faveur & de vostre crédit pour y entrer.

Il obtient l'agreément de ses parens pour entrer dans la Compagnie.

Le Cardinal qui avoit de la vertu, & qui éprouvoit de bonne foy la vocation de son neveu pour connoistre si elle estoit bonne, non comme font une infinité de gens, pour l'en dégouster & l'en distraire, voyant tant de fermeté & de constance, crut qu'il n'y avoit plus à douter que cette vocation ne vinst de Dieu, & luy envoya son

consentement, qui portoit celuy de toute la famille. On ne
peut dire avec quelle joye le
ieune Comte receût cette
nouvelle. Sa promptitude à
quitter le monde aussitost qu'il
luy fut permis, fit voir combien il en estoit détaché : car il
n'eût pas plutost receû la lettre
du Cardinal, qu'il l'alla com-
muniquer aux Péres, & qu'ayant
dit adieu à ses amis, il entra au
Noviciat de Nole le vingt-
troisiéme de Décembre, l'an
mil cinq cens quatre-vingts
quatre, âgé pour lors d'environ
vingt ans.

Il commença la vie reli-
gieuse avec une application &
une ferveur qui le rendit en
peu de temps digne d'estre pro-
posé aux autres comme le mo-

Il entre au Noviciat. Ses vertus religieuses, & ses employs.

déle d'un parfait Jéfuïte. Il fit
la premiére année de fon Noviciat à Nole, la feconde à Léche,
& fes vœux à Naples la veille
de Noël, avec un fentiment
particulier de dévotion, en con-
fidérant les liens du Sauveur
enfant, dont fes vœux luy fem-
bloient eftre une parfaite imita-
tion. Il devoit faire fa Philofo-
phie au mefme lieu : mais s'e-
ftant trouvé mal durant la Lo-
gique, d'un grand crachement
de fang, on fut obligé de le
faire changer d'air. Celuy de
Rome l'ayant un peu remis, il
y étudia quelque temps en Ma-
thématique fous le célébre Cla-
vius, d'où eftant envoyé à Milan, il y rétablit fi bien fa fanté, que fes Supérieurs le trouvant en eftat de continuer fes
études,

études , & de s'aquiter des autres fonctions de sa profession ,
l'envoyérent à Bréré, où il acheva sa Philosophie , & enseigna
une Classe de Grammaire; aprés
laquelle, comme il avoit du génie pour les Mathématiques ,
on voulut qu'il les allast enfei-
gner à Milan en mesme temps
qu'il estudieroit en Théologie.

Dans tous ces lieux, & dans
tous ces estats, on le vit toûjours marcher d'un pas égal
dans le chemin de la perfection. Quelques-uns de ceux
qui avoient eû le **plus** de part à
sa confidence , firent apres sa
mort cette courte, mais vive
peinture de ses vertus : *que ç'a-
voit esté un Religieux d'une régu-
larité éxemplaire , ennemi de ses
propres commoditez , & grand*

B

amateur de la Croix , également appliqué & conſtant en tout ce qui regardoit la gloire de Dieu.

Il eſtoit aſſidu à l'Oraiſon, & y employoit plus de temps que les autres : mais loin de la conduite de ceux qui par un eſprit de ſingularité négligent les choſes communes , pour ne rien faire que ce qu'ils font tous ſeuls , il ne faiſoit aucune priére avec plus d'application & de ſoin que les priéres ordinaires , & preſcrites par la Régle.

Un de ſes amis avoit remarqué, que depuis le temps deſon Noviciat, il faiſoit toûjours à genoux l'heure de Méditation qu'on fait dans la Compagnie , & dans une ſituation de corps ſi modeſte , qu'on eûſt dit qu'il

euſt eſté immobile. Il avoit
compoſé quelques priéres vo-
cales qu'il récitoit tous les
jours : on les trouvera à la fin
de cette Hiſtoire, avec une
nouvelle maniére de Cou-
ronne, qu'il avoit inventée à
l'honneur de la Sainte Vierge, à
laquelle il eſtoit fort dévot,
perſuadé contre l'erreur de
ceux qui mépriſent ces me-
nuës pratiques de dévotion,
que la force Chreſtienne dont
on a beſoin dans les grandes en-
trepriſes, telles qu'eſtoient
celles qu'il méditoit, ne s'en-
tretient que par l'onction d'une
tendre & affectueuſe piété.

Il ne parloit guéres que de
Dieu, ſoit dans les converſa-
tions ordinaires qu'on a dans
la Compagnie aprés les repas,

foit dans les promenades qu'on fait une fois la femaine en Efté pour prendre l'air à la Campagne ; ou affemblant ceux qu'il connoiffoit de mefme gouft fur cela que luy , il faifoit des conférences fpirituelles , dont il tiroit beaucoup de profit pour fon avancement dans la vertu. Il eût le bon-heur de trouver par tout des amis d'une fainteté extraordinaire.   A Nole il eut pour Maiftre des Novices le Pere Barthélemy Ricci , celuy qui luy avoit prédit , lors qu'il eftoit encore Ecolier fon entrée dans la Compagnie , & fon martyre au Japon. A Léche il acheva fon Noviciat fous la conduite du Pére Bernardin Réalin , homme comparable à Saint François de Paule , par un don

de miracle & de prophétie qui a
fait délibérer au Saint Siége de
le mettre au nombre des
Saints. A Naples il se vante
luy-mesme d'avoir contracté
amitié avec le B. Loüis de Gon-
zague, jeune Prince de la maison de Mantouë, plus illustre
par sa sainteté que par l'éclat de
sa naissance.

De si grands modéles de
vertu ne pouvoient que contri-
puer beaucoup à la perfection
de nostre Charles, qui alloit
croissant de jour en jour avec un
brogrez surprenant. Il aimoit
la mortification & les Souffrances, macérant continuellement
son corps par le cilice & par le
jeusne, & par d'autres sortes
d'austéritez qui sont en usage
dans la Religion. Il fuyoit éga-

lement le plaisir & la gloire : on
eût de la peine à le faire con-
sentir à soutenir des theses de
Théologie, parce qu'il crût
qu'il y avoit en cela quelque
sorte de distinction & d'honneur.

Ayant vû que dans les traitez
de Mathematique qu'il avoit
donnez, quelques-uns de ses
Ecoliers avoient mis son nom,
il l'effaça par tout où il pût.
Il disoit que trois principales
raisons l'avoient determiné à
demander la Mission du Japon : la premiere, pour avan-
cer le salut de ces peuples ; la
seconde, pour estre dans un
lieu, où loin de ses parens, son
nom fust toutafait inconnu ;
la troisiéme, pour éviter d'entrer dans les charges de la
Compagnie.

On ne peut dire avec quelle ardeur il demanda cette Mission, elle avoit esté l'attrait de sa vocation, & dés sa seconde année de Noviciat, se trouvant sous la direction du Pere Bernardin Realin, ce fut une des premiéres choses sur lesquelles il le consulta. Le Saint homme s'estant mis en priéres pour sçavoir la volonté de Dieu, confirma Charles dans son dessein, luy promettant d'en écrire luy-mesme au Pere Général, & de se rendre caution auprés de luy, que ce voyage réussiroit à la gloire de Dieu & au bien des ames. Charles affermi par cette réponse dans une si sainte resolution, ne pensa plus qu'à obtenir la permission de l'exécu-

ter , n'ayant jamais douté depuis ce temps-là , comme il l'a
dit souvent luy-mesme, du suc-
cés de son entreprise, quoy que
la foiblesse de sa santé y parust
un obstacle invincible.

En attendant cette permission , qu'il sollicitoit avec des
empressemens incroyables, il se
disposoit à travailler au salut
des Japonois , en travaillant au
salut de ceux dont on luy con-
fioit la conduite , soit dans les
Classes qu'on luy fit enseigner,
soit dans les Congregations de
Nostre Dame, dont on luy donna la direction long - temps
mesme avant qu'il fust Prestre.
Il faisoit son principal employ
de cultiver ces jeunes plantes,
& il y croyoit son temps si
bien employé, que non con-

tent

tent des exhortations qu'il
leur faifoit à tous en public, il
avoit fes heures reglées pour
entretenir chacun en particulier, & entrer dans le détail
de leur conduite.

Son zele ne fe bornoit
pas là, quand il trouvoit occafion de l'étendre. Durant
les vacances il parcouroit les
bourgades & les villages de
la campagne, prefchant, &
faifant le catechifme ; employ qu'il eftimoit fi fort, qu'il
dit au Pére Jean Baptifte Pore
qui eftoit fon ami intime, que
s'il ne fuft point allé au Japon,
il avoit pris réfolution d'y employer le refte de fa vie : il en
avoit mefme déja demandé
permiffion.

Il y avoit environ dix ans

C

que Charles eſtoit dans la
Compagnie , lors qu'ayant
achevé ſes études, on luy fit
prendre l'Ordre de Preſtriſe.
Le Sacerdoce renouvela ſa
ferveur, & augmenta la dévotion qu'il avoit au S. Sacre-
ment. Il avoit un ſoin particulier de ſe préparer aux Saints
Myſtéres. Il ſe confeſſoit pluſieurs fois la ſemaine pour approcher de l'Autel avec plus de
pureté ; & il le faiſoit avec tant
de larmes , qu'on l'entendoit
pleurer des chambres voiſines.
Il diſoit ſon Office à genoux, &
Il garda conſtamment cette
couſtume meſme parmi les fatigues des Miſſions. Il attendoit alors plus que jamais ſes
ordres pour celle du Japon,
pour laquelle en finiſſant ſa

Théologie, il avoit recommencé ses instances : mais il ne put
encore l'obtenir.

Afin néanmoins de luy
donner une occupation qui
eûst quelque rapport à celle
qu'il desiroit , on l'envoya à
Cremone avec un autre pour
y faire une Mission. Il y tra-
vailla beaucoup, preschant non
seulement dans les Eglises, mais
souvent mesme dans les places
publiques. Aussi y fit-il beaucoup de fruit. Il y rétablit l'u-
sage du catéchisme qui y estoit
presqueaboli , instituant des
Congrégations d'hommes ,&
de femmes de qualité , pour
pratiquer cette bonne œuvre
envers ceux qui en auroient besoin. Il réforma un Convent de
Filles , qui par un grand re-

Il est en-
voyé en
Mission
à Cre-
mone.

C ij

laſchement avoient leur bien
chacune en particulier, & ſceût
ſi bien leur inſpirer l'amour de
la pauvreté Religieuſe , que
d'un commun conſentement,
elles firent un decret ſévére
contre celles qui ſe trouveroient
deſormais coupables de pro-
prieté , & le firent confirmer
par l'Eveſque. Cette action
plut tant à ce Prélat, qu'elle
luy fit prendre le deſſein de
fonder un Collége de la Compagnie à Crémone , comme il
fit en effet depuis. Il eſt à croire
que les choſes importantes
que fit le Pére Spinola dans
cette Miſſion plurent encore
plus à Dieu qu'aux hommes,
puiſque ce fut en cét heureux
temps , qu'il obtint de luy la
choſe du monde qu'il deſiroit

avec le plus d'ardeur, par un ordre qui luy vint de Rome de se préparer au Voyage du Japon.

On peut juger de l'extréme joye que luy causa cette nouvelle, par l'impatience avec laquelle il l'attendoit depuis si long-temps. Il avoit un si grand désir du Martyre, qu'il n'en parloit jamais qu'avec des transports capables d'enflamer les plus tiédes. Il recuëilloit soigneusement les noms de ceux de la Compagnie, qui avoient souffert la mort pour la Foy parmi les Infidelles & les Hérétiques, afin de les invoquer souvent : & on ne peut dire combien ces éxemples qu'il se mettoit continuellement devant les yeux, augmentoient en luy le défir du martyre. Pendant le temps qu'il fut à Gennes, ou aprés fa miſſion de Crémone il alla attendre le temps de s'embar- quer, il écrivit à un de fes amis une lettre fur ce fujet, où fes ſentimens font marquez avec une vivacité, que je ne pourrois exprimer.

Depuis que ie ſuis icy, pour n'eſtre pas oiſif, i'ay compoſé une eſpéce de Litanies, de tous ceux de la Compagnie qui ont répandu leur ſang pour JESUS-CHRIST. *I'ay trouvé dans la vie du Pére François de Borgia, écrite par Ri- badénéyra en Eſpagnol, les noms de ces quarante Martyrs qui fu- rent il y a quelque temps iettez dans la mer par les Hérét- ques en haine de la Religion.*

outre cela i'ay trouvé les noms de neuf autres martyriséz dans la Floride. I'ay cru vous les devoir envoyer, afin que vous eûſſiez le nombre complet de nos Martyrs, & que vous les priaſſiez de m'obtenir la grace d'imiter leurs ver- tus. Si ie n'ay pas la force de ſouffrir comme eux, au moins i'auray toûiours le plaiſir de re- paſſer ſouvent en mon eſprit ce qu'ils ont ſouffert pour la gloire de Dieu, & d'animer mon courage par leur conſtance. O quand vien- dra le temps, mon cher Pére ? O iour ! O heure ! O moment heu- reux ! O Pére Pompile, qu'il y a de douceur à penſer ſeulement à mou- rir pour JESUS-CHRIST ! que ſera-ce donc de mourir meſme ? Au reſte, ie vous deman- de pour recompenſe du préſent que

C iiij

ie vous enuoye, que regardant le clou qui attache les pieds du Sauveur à la Croix, vous luy demandiez qu'il perce mon cœur de ce clou sacré, & qu'il l'attache à sa Croix avec luy.

Comme il estoit persuadé par ses préssentimens propres, & par la prédiction qu'on luy en avoit faite, que la palme l'attendoit au Japon, cette terre barbare devint pour luy une terre de promission. L'espérance d'y parvenir l'avoit soutenu dans toutes ses maladies : car craignant que son peu de santé ne mist obstacle à ses desseins, il vescut toûjours comme s'il en eûst eû beaucoup ; ne se dispensant jamais de rien, & s'aquitant de tous ses emplois avec la mesme éxactitude que ceux qui se portoient le mieux.

Il eût besoin que cette ardeur animast son courage contre les attaques que luy livrérent ses parens. On ne peut faire plus d'efforts qu'ils en firent pour l'arrester, soit auprés des Supérieurs, soit auprés de luy. Il eût mesme ce rude combat à soutenir deux diverses fois: car s'estant un jour embarqué, aprés avoir dit adieu à tout le monde, la Galére qui le portoit heurta contre un rocher en sortant du port, & fut si fort endommagée de ce coup, qu'elle fut en danger de faire naufrage. Pendant le temps qu'on mit à la racommoder, les parens du Pére Spinola redoublérent leurs efforts pour le retenir, ajoûtant aux raisons

Il s'embarque pour aller à Lisbonne.

de la chair & du sang, que l'accident qui luy venoit d'arriver, estoit une marque que Dieu vouloit qu'il demeurast en Italie. Ce nouveau combat fut au Saint Homme l'occasion d'une nouvelle victoire, qui luy fut d'autant plus facile, qu'il estoit sorti du Vaisseau, aprés en avoir remporté une signalée sur l'impatience, & sur l'amour propre. Quelque soin qu'eûssent eû ses parens de le recommender au Capitaine, afin qu'il fust bien placé, & bien traité dans le Vaisseau ; je ne sçay comment il arriva qu'il fut mis dans le lieu le plus bas, & le plus incommode de la Galére, parmi les valets & les Matelots. Pour comble d'humiliation cette canaille naturellement

infolente , perdant le refpect
pour fon caractére & pour fa
qualité , en fit fon joüet pendant toute une nuit. Ce fut
de quelques-uns d'eux , que
le landemain on fceût à Gennes cette avanture , & qu'on
apprit en mefme - temps la patience avec laquelle ce Saint
Religieux avoit fouffert ces
outrages , qui leur avoit donné à eux - mefmes de l'étonne-
ment & de l'admiration. Car
ils affurérent que durant tout ce
temps - là , on ne remarqua
jamais fur fon vifage aucun
figne d'alteration ; finon qu'il
y paroiffoit plus de gayeté, &
qu'on eûft dit qu'il prenoit
plaifir aux injures qu'on luy
difoit. Tel homme auroit affez
de force pour foûtenir les me-

naces d'un Tyran, dont la vertu se trouveroit trop foible,
pour ne pas marquer de l'in-
dignation dans une pareille
rencontre. Mais celle du Pére
Spinola estoit à l'épreuve de
tout. Il sçavoit que l'humiliation est la plus prétieuse partie de la Croix de Jesus-
Christ ; & qu'en vouloir
séparer les opprobres , c'est
en vouloir oster ce qu'il y a
de plus divin , & de plusdi-
gne d'une ame apostolique.
Ainsi bien loin que cette
épreuve non plus que le danger du naufrage rallentist l'ardeur de l'Homme de Dieu , il
n'en eût que plus d'empresse-
ment de se rembarquer dés
que sa Galére put souffrir la
mer. Cette Galére le porta

jusqu'à Barcelonne, d'où ayant pris son chemin par terre, pour se rendre à Lisbonne avant le départ de la flotte des Indes, il y arriva si à propos, que sans avoir le temps de s'ennuyer, il eût le loisir de faire à son aise tous les préparatifs nécessaires à son embarquement.

Fin du premier livre.

LA VIE

DU PERE CHARLES

SPINOLA

DE LA

COMPAGNIEDE JESUS.

LIVRE SECOND.

Il s'em-
barque
pour les
Indes.

Tout eſtant preſt pour le voyage , les Miſſionnaires de la Compagnie , qui devoient paſſer cette année - là aux Indes, ſe diviſérent en deux bandes, & entrérent en deux Vaiſſeaux, rois dans l'un , & cinq dans l'autre. Le Pére Spinola fut de ces cinq avec un ieune Sicilien nommé Ierofme des Anges, dontje fais mention en particulier , parce qu'il fut fon compagnon fidelle depuis Lifbonne iufqu'au Japon , où il eût le mefme fort que luy. Ce fut le dixiéme d'Avril de l'année mil cinq cens quatrevingts feize, que les Miffionnaires fortirent du port. Le Pére Spinola dit dans une de fes lettres que la penfée , qui leur vint alors , qu'ils eftoient enfin morts au monde , entiérement féparez de leurs proches , de leurs amis , & de leurs connoiffances , les remplit d'une extréme joye.

Cette joye fût beaucoup augmentée par les heureux

commencemens de cette na-
vigation. En peu de jours
ils se virent à la coste de Gui-
née , & aprés de légéres incommoditez , & un peu de
retardement que leur causa
une tempeste , ils passérent
la Ligne, ayant la mer si favorable , qu'ils faisoient en un
jour deux degrez. Durant ce
temps-là les Péres avoient soin
des choses qui regardent
le service de Dieu ; de faire
la priére & le catéchisme,
d'administrer les Sacremens ,
de faire chanter à certaines
heures les Hymnes , & les
Pseaumes de l'Eglise. Ces
grands exemples qu'ils don-
noient de toutes sortes de vertus Chrestiennes , estoient encore plus forts que leurs paroles,

roles , pour porter chacun à ſon devoir.

Le Pére Spinola s'eſtoit aquis tant d'autorité dans le Vaiſſeau , que les Soldats , & les Matelots eſtant un iour ſur le point d'en venir aux mains, il les reconcilia heureuſement, en ſe iettant entre les deux partis, au moment qu'ils s'alloient charger.

Il n'y avoit pas deux mois qu'ils eſtoient en mer , & ils avoient déia paſſé le Tropique , ſe trouvant entre la coſté du Brazil , & le Cap de Bonne Eſperance , lors qu'un coup de vent fit rompre leur gouvernaïl , & déconcerta toute la navigation.

Il n'y avoit pas d'apparence de s'engager à doubler le

La tem-
peſte o-
blige la

D

Cap avec un Vaisseau si en désordre. Le Pilote estoit d'avis qu'on s'en retournast droit à Lisbonne : mais la plupart furent d'un sentiment contraire ; disant qu'il n'estoit pas moins dangereux de faire encore une fois un si long chemin en l'estat où estoit le Vaisseau, que de continuer le voyage. Enfin aprés bien des déliberations, il fut résolu qu'on relascheroit au Brazil. Ce retour causa des maladies, parce qu'il fallut repasser le Tropique, où l'air est extrémément mal-sain ; ce qui fut une occasion aux Missionnaires d'éxercer leur charité & leur patience. Plusieurs mesme d'entre eux tomberent malades, & ils eûrent à peine

pris terre à la Baye de Tous
les Saints, qu'ils perdirent un
de leurs meilleurs ouvriers. Le
Pére Spinola, qui quelque
temps auparavant avoit eû une
fiévre de sept ou huit jours,
retomba pour la seconde fois;
mais il fut bien-tost gueri.

Aprés cinq mois de séjour
au Brazil, les Matelots ayant
fait un gouvernail à leur Navire, se remirent en mer le
douziéme de Décembre. Cette seconde navigation ne fut
guéres plus heureuse que la
premiére. Car aprés de grandes incommoditez, ils furent
accueïllis une nuit d'une si
violente tempeste, que les flots
s'élevant par dessus le vaisseau,
l'enveloppoient à tous momens.
Ce qui augmenta le danger fut

D i

que le Navire faisant eau par
dessous , il y en estoit entré
une si grande abondance,qu'on
fut plus de deux jours à la vuider , sans qu'on pust remarquer
par où elle entroit.

Les Missionnaires se servi-
rent utilement de cette occasion , pour porter ceux qui
estoient dans le Vaisseau à se
bien mettre avec Dieu. La
crainte de la mort rendoit leurs
exhortations plus efficaces.Car
beaucoup la croyant inévita-
ble , changérent de vie : &
ce qui donnoit une grande
consolation aux Péres , estoit
que ces conversions se faisoient de bonne foy , contre
l'ordinaire de celles que la
crainte fait faire précipitam-
ment & à la haste. Plusieurs

mefme qui pour eftre trop
occupez à vuider l'eau , ou à
gouverner le navire durant la
tempefte, n'eûrent pas le temps
de fe bien confeffer , le firent
quand la mer fut calmée.

Durant le temps de cet
orage le Pilote ayant jugé à
propos d'abandonner un peu
le Vaiffeau aux vents , parce
que par ce moyen là il prenoit
moins d'eau , qu'en refiftant
trop opiniaftrément aux flots,
ils firent beaucoup de chemin,
& furent tout étonnez qu'ils
fe trouvérent à la vuë de l'Ifle
de Portoric. Ils en approché-
rent fi prés avant de la connoiftre , qu'ils penférent pé-
rir en y entrant : mais ayant
détaché un efquif , pour faire
prier ceux de la ville de leur

Vne feconde tempefte les oblige de prendre terre à Portoric.

envoyer quelqu'un pour les conduire au port, ils y entrérent sans accident le vingt-cinquiéme de Mars de l'année mil cinq cens quatre-vingts dix-sept. Les Mission-naires furent receûs dans cette Isle avec tout le bon accueïl possible par l'Evesque, & par le Magistrat, qui leurs firent donner dans l'Hospital, un en-droit séparé des malades, où ils estoient commodément lo-gez ; & parce qu'on s'apper-ceût que leur pauvreté les fai-soit souffrir, l'Evesque en prit deux chez luy, & le Magi-strat deux autres.

Il fait une mis-sion à Portoric.

Ce fut par une providen-ce particuliere, que les Péres abordérent à Portoric dans une saison, où les habitans avoient

grand befoin de leur fecours :
& ce fut ce qui obligea les
Hommes de Dieu, aprés qu'ils
eûrent travaillé quelque temps
avec beaucoup de fruit dans
la Capitale , d'étendre leurs
foins fur tout le païs , & d'employer à y faire une Miffion,
le temps qu'on mettroit à racommoder leur Vaiffeau. Il
en demeura dans la Capitale
pour eftre auprés de l'Evef-
que & du Magiftrat ; d'autres
vifiterent les Cabanes qui
font à l'entour de la ville , &
les endroits où l'on fait le
fucre ; par ce qu'il s'y trouve
une grande quantité d'Efcla-
ves Négres , tres ignorans
des myftéres de noftre Foy.
Le Pére Spinola , & Jérofme
des Anges parcoururent le re-

ste de l'Isle durant l'espace de deux mois.

Ce ne fut pas sans de grands travaux, & des fatigues inconcevables. Car le païs est plein de montagnes, entrecoupé d'une infinité de ruisseaux, & mesme d'un assez grand nombre de grosses riviéres. On y en compte jusques à cinquante, qu'il faut continuellement traverser avec de grands dangers, parce qu'il y en a de fort rapides. Le Pére Spinola fut une fois tellement emporté par le courant d'un de ces fleuves, que s'il ne se fust pris à un rocher, il y eûst infailliblement péri. Quelquefois les pluyes y estoient si abondantes, qu'ils estoient obligez d'attendre tout un jour

que

que les eaux se fussent écou-
lées, pour trouver les guez de
ces riviéres, la campagne
estant alors toute inondée.
Aprés quoy ne trouvant pas
où se retirer, ils couchoient
sur la terre mouillée, dans une
petite cabane, qu'ils se faisoient de branches de Palmier
jointes ensemble. Dans les
villes ils trouvoient du pain,
& mesme de la viande : mais
à la campagne ils estoient con-
trains de vivre de certaines
figues sauvages extrémément
acres, & d'un peu de lait.

La premiére bourgade qu'ils
rencontrérent fut celle qu'ils
appellent Crame, sur le rivage de la mer du costé du Midy,
où les habitans les receurent,
comme des Anges envoyez du

E

Ciel. On celebroit alors la feste de la Pentecoste, ce qui augmenta beaucoup le concours de ceux qui alloient entendre leurs instructions, & recevoir d'eux les Sacremens. Ils firent grand fruit parmi ce peuple composé d'Espagnols naturels dont ils parloient passablement la langue, & de leurs esclaves Negres ; ils y instruisirent plusieurs personnes des mystéres de nostre Religion , & leur apprirent sur tout à se confesser : ce que plusieurs pratiquérent si bien, qu'ils firent dés confessions générales avec des larmes , des restitutions, & des reconciliations , qui marquoient la sincérité de leur pénitence. Le Pére Spinola dit dans la rela-

tion qu'il en envoya au Pére
Général, qu'il s'attacha particulierement à leur infpirer du
refpect pour les chofes faintes,
les exhortant à orner leurs
chapelles , & à tenir propres
les vafes facrez, à ufer des in-
dulgences, & de l'eau benifte.

Ces deux Miffionnaires firent
la mefme chofe dans tous les
autres endroits de l'Ifle , avec
le mefme concours & le mefme fruit. Mais ce fruit fut
particulierement remarqua-
ble dans un lieu que les
Efpagnols appellent la Nouvelle Salamanque , où il fem-
ble que Dieu voulut répandre fes graces avec une abondance extraordinaire , & fur
les Miffionnaires , & fur le
peuple. Le Saint Homme af-

E ij

fure que quand il y prefchoit,
il fe fentoit rempli d'une fi
grande abondance de bons
fentimens & de bonnes pen-
fées, fans qu'il y apportaft aucune étude , qu'il s'en éton-
noit luy mefme.

Ses Auditeurs difoient de
leur cofté , que quand ils l'en-
tendoient parler, ils fentoient
allumer dans leurs cœurs je
ne fçay quelle ardeur pour bien
vivre , qu'ils n'avoient jamais
reffentie. Les marques de pe-
nitence & de ferveur qu'ils
donnérent dans une proceffion,
qui fe fit le jour de Saint Bar-
nabé , en font des témoignages évidens. Prefque tous y
allerent nuds pieds ; plufieurs
s'enfanglantant le corps par
une rude flagellation , pendant

que de petits enfans élevoient
de temps en temps la voix, &
crioient d'un ton lugubre : *mi-*
fericorde Seigneur , mifericorde.
Cette ceremonie fut terminée
par un difcours que le Pére
fit en entrant dans l'Eglife , qui
fut fouvent interrompu par fes
larmes , & par celles de fes
Auditeurs. Pendant que le Pére
Spinola prefchoit , Jerofine faifoit le Catechifme , à quoy il
avoit un talent particulier, par
une debonnaireté inaltérable,
qui luy faifoit répéter cent fois
lamefme chofe, fansfe rebuter, à
des enfans durs & inappliquez.

Aprés cette fainte expé-
dition , nos deux Miffionnaires retournérent à Portoric
chargez de merites , & des bénédictions de ces Peuples , qui

verſérent dès torrens de larmes quand ils furent obligez
de s'en ſéparer. Ce fut là où le
Pére Spinola tomba malade
pour la troiſiéme fois d'une
fiévre double-tierce, mais qui
ne l'empeſcha pas néanmoins
de partir avec les autres, beaucoup de gens luy ayant dit que
la mer contribueroit à ſa gué-
riſon, ce qui arriva en effet.

Il ne ſe rembarqua pas dans
le meſme Vaiſſeau dans lequel
il eſtoit venu, car les Miſſionnaires voyant qu'avec tout ce
qu'on y avoit pû faire il eſtoit
toûjours en aſſez mauvais eſtat,
ſe partagerent en trois autres,
qui devoient partir en meſme
temps. Le Pére Spinola, &
Jeroſme des Anges entrérent
dans un baſtiment neuf, qui

estoit asfez leger , mais petit, & mal armé , n'ayant que deux piéces de canon de fer.

Cette flotte compofée de huit Navires fortit de Porto-ric au mois d'Aouft : mais deux jours aprés qu'elle en fut for-tie il s'éleva une fi furieufe tempefte , que les Vaiffeaux furent féparez les uns des au-tres, & toute la flotte difperfée.

Celuy où eftoit le Pére Spinola ayant rencontré par hazard un navire marchand de Flandres, plein d'Efpagnols & de Portugais , fujets en ce temps-là du mefme Prince, fe joignit à eux à leurs prieres, parce que leur Navire prenant beaucoup d'eau , ils eftoient bien aifes, en cas de naufra-ge , d'avoir où fe retirer. Le

Vaiſſeau Flamand retarda beaucoup le Portugais , & ce retardement fut cauſe de la perte de ce dernier , qui arriva en cette maniére.

Les deux navires aſſociez ſe trouvoient alors vers les Tercéres , quand regardant du coſté de Sainte Marie , qui eſt la premiére de ces Iſles vers le Royaume de Portugal , ils apperceurent d'aſſez loin un Vaiſſeau Anglois qui les ſuivoit. S'ils euſſent voulu prendre la fuite , ce navire euſt eû de la peine à les joindre : mais les Capitaines ne le voulurent pas. Auſſi-toſt que le baſtiment Anglois fut à la portée du canon , il commença à les attaquer , & quoy qu'il ne fuſt ni fort grand , ni fort bien ar-

mé , il eſtoit monté par de ſi
braves gens , qu'en moins de
deux heures de combat, il mit
le Vaiſſeau Flamand en fuite,
& ſe rendit maiſtre du Portugais. Les Soldats qui entrérent les premiers dedans , aprés
s'eſtre aſſeurez de leur butin,
& avoir mis les Portugais hors
de déffenſe, ſe ſaiſirent de tout
ce qu'ils trouvérent.

Le landemain le Capitai-
ne du Vaiſſeau Anglois fit
paſſer ſes priſonniers dans ſon
bord. Les Péres y paſſerent
avec les autres, & y voulurent
meſme paroiſtre dans leur habit
de Religion , ne doutant pas
qu'il ne leur deûſt eſtre occaſion de ſouffrir quelque choſe
pour JESUS-CHRIST en-
tre les mains des Hérétiques.

Mais il en arriva tout autre-ment. Car le Capitaine les receut avec beaucoup d'honne-steté, & plus encore lorsque leur ayant demandé qui ils estoient, & de quel païs, le Pére Spinola luy répondit qu'ils estoient Jesuites & Ita-liens. Cette réponse qui natu-rellement leur devoit attirer quelque traitement facheux, eut en cette rencontre un effet tout contraire : le Capitaine redoubla ses ci-vilitez, & les logea auprés de luy, où il leur por-toit souvent à manger luy-mesme. Il accorda de plus au Pére Spinola la permission d'aller confesser un Portugais, qui se mouroit dans l'autre Vaisseau, d'où la maladie l'avoit empefché de pouvoir eftre tranporté. Il luy fit encore rendre fes écrits, un Crucifix, & un Reliquaire ; tout le refte néanmoins fut perdu, & demeura à ceux qui s'en eftoient faifis.

Le Capitaine content de fa prife, & la voulant mettre en feureté contre les divers accidens de la mer, réfolut de retourner en Angleterre. Il y arriva le cinquiéme de Novembre, & prit terre à Armuth. De là il s'en alla à Atapfon qui eft diftant d'Armuth d'environ fix lieües, où il avoit fon bien & fa maifon, menant avec luy les deux Miffionnaires, & les traitant toûjours bien. Là ils eûrent fouvent occafion de difputer avec plufieurs perfon-

nes de qualité d'entre les Pro-
teſtans , qui eûrent la curio-
ſité de les voir ; & ils en dé-
trompérent beaucoup des faux
préjugez qu'ils avoient pris
contre l'Egliſe Catholique
touchant certains articles de
noſtre croyance. Ils furent
auſſi viſitez par un grand nombre de Catholiques , qui les
invitérent à les venir voir dans
leurs maiſons.

Ils priérent ſouvent le Capitaine de leur permettre d'aller à Londres , ou en quelque
autre port d'Angleterre , pour
repaſſer en Portugal : mais le
Capitaine qui apprehendoit
qu'ils ne demeuraſſent dans le
Royaume, & que le Parlément
ne luy en fiſt une affaire , ne
le leur voulut pas permettre. Il

ne voulut pas mesme qu'ils al-
lassent voir aucune ville con-
siderable , ne leur donnant la
liberté de s'éloigner de chez
luy , que de l'espace d'une
demi-lieuë Le Pére Spinola
en fut mortifié ; car il disoit
qu'une de ses envies estoit de
dire la Messe en Angleterre.

Il eût mesme la pensée de
demeurer dans ce Royaume,
& de prendre des mesures pour
cela , afin de se joindre aux
Péres de la Compagnié , qui y
travailloient en ce temps-là ,
& qui y souffroient une rude
persécution sous le regne d'E-
lizabeth. Il voyoit l'Angleterre , comme nous la voyons encore aujourd'huy , fumante du
sang de ses fréres,répandu pour
la querelle de l'Eglise Catho-

lique.   Il sçavoit l'Histoire de
tant de saints personnages, qui
depuis le fameux Pére Edmond
Campien avoient sacrifié leur
vie pour cette cause. C'estoit là
un grand attrait au saint Homme pour le faire rester dans un
lieu, où il pouvoit trouver à
moins de frais, ce qu'il alloit
chercher au bout du monde.
L'artifice dont usent les Pro-
testans, pour oster à ceux
qu'ils font mourir la gloire du
martyre devant les hommes,
ne fut nullement ce qui l'em-
pescha de conclure à demeurer. Comme il ne cherchoit
que la gloire qui vient de Dieu,
il ne pouvoir regarder les faux
crimes, dont les Hérétiques en-
veloppent la vraye cause de
leur haine contre nous, que

comme une circonstance qui devant Dieu donne un nouvel éclat au martyre, en le rendant plus semblable à celuy de JESUS-CHRIST, que les Juifs firent mourir comme un ennemi de Cæsar, dont personne n'avoit déffendu les droits plus fortement que luy. Ce qui détourna le Pére Spinola de prendre cette résolution, futqu'en ayant conféré avecson Compagnon, & recommendé l'affaire à nostre Seigneur, ils jugérent qu'il n'estoit pas aifé à des étrangers, comme ils estoient, de se cacher en Angleterre, & par la mesme raison d'y obtenir le martyre ; y ayant apparence que la Reyne, qui estoit Politique, & qui gardoit des mesures, se contenteroit de les chasser.

Cette penſée leur fit reprendre le deſſein de leur premiére Miſſion ; & comme ils voyoient d'ailleurs que le Capitaine qui les avoit fait priſonniers , n'attendoit que l'occaſion de les mettre ſur quelque vaiſſeau qui les portaſt hors du Royaume , ils reſolurent de retourner le plus droit qu'ils pourroient à Lisbonne , ſans approcher de l'Italie, & de paſſer plutoſt par la France , s'ils ne trouvoient point de plus court chemin. Pour exécuter ce deſſein , ils ſe déguiſérent tous deux , & prirent des habits ſéculiers , pauvres , & mal aſſortis , que leur donna le Capitaine , par la permiſſion duquel ils ſortirent enfin d'Angleterre en cét équipage , ſur un un Vaisseau, où il les fit mettre.

Le vent leur fut d'abord favorable : mais il se changea tout à coup, & ce changement ayant causé une tempeste qui dura deux jours, ils souffrirent tant durant cet orage, que le Pére Spinola disoit qu'il n'avoit point tant souffert durant tout le long voyage qu'il venoit de faire. Mais il asseûroit en mesme-temps qu'il n'avoit jamais gousté de si pures, & de si douces consolations du Ciel.

Cette tempeste obligea le Pilote à relascher dans un port d'Angleterre, où bien en prit aux Péres de s'estre déguisez : car la Reyne ayant tout de nouveau confirmé ses Edits contre les Catholiques, il leur

F

auroit esté fort difficile d'éviter une longue captivité s'ils eûssent esté reconnus.

Deux Italiens, qu'ils trouvérent dans ce port, leurs furent d'un fort grand secours pour favoriser leur embarquement. C'estoit deux Capitaines de Vaisseau, dont l'un estoit de Gennes, & l'autre de Raguze, ils offrirent aux Péres de les mener eux-mesme à Livourne : mais les Péres ne purent accepter ce parti parce qu'ils ne vouloient pas retourner en Italie, de peur que le Pére Général ne les y arrestaft. Ils trouvérent un autre Capitaine, qui les voulut conduire à Saint Jean de Luz, sur les frontiéres de France & d'Espagne, d'où ils au-

roient pû facilement continuer
leur voyage par terre jusqu'à
Lisbonne : mais l'occasion d'un
Marchand Allemand, qui
avec la permission du Roy
d'Espagne & de la Reyne
d'Angleterre portoit les prisonniers qu'on échangeoit entre les deux Nations, leur
ayant paru plus seûre & plus
courte, ils s'embarquérent sur
son Vaisseau le dixiéme jour
de Janvier, l'an mil cinq-cens
quatre-vingts dix-huit.

Il auroit esté fort extraordinaire, comme dit le Pére
Spinola dans une de ses lettres, que deux personnes de
cette profession fussent sorties
d'Angleterre, sans avoir souffert quelque chose pour le
nom de Jesus-Christ.

Le Saint Homme dit que ce
ne leur fut pas une petite souf-
france d'estre obligez de passer
la Feste de Noël sans offrir
le Sacrifice de la Messe ; mais
que cette mortification leur
fut adoucie par les occasions
qu'ils eûrent de souffrir. Ils
demeurérent durant ce temps-
là chez une femme, qui les
receut assez bien , dans les-
perance qu'elle avoit , que
quand ils seroient arrivez à
Lisbonne , ils luy aideroient
à obtenir l'échange de son
mari , qui étoit alors prisonnier en Espagne , avec un Enseigne Espagnol , qu'on luy
avoit donné pour cela. Cet
Enseigne écrivoit à ses parens,
& avoit confié ses lettres au
Pére. Cela fit naistre quelque

soubſçon aux Anglois qu'ils
n'en portaſſent beaucoup d'autres. Dans cette penſée on
entra la nuit dans leur chambre, & on viſita tout ce qu'ils
avoient. Heureuſement pour
eux on n'y trouva rien : mais
ceux qui faiſoient cette viſite
ayant oüi Jeroſme des Anges
qui diſoitquelquechoſe auPére
enItalien,& le prenant pour un
Eſpagnol , parce qu'ils ne ſça-
voient pas la langue, ſe ſaiſirent de luy , & le mirent en
priſon. Il n'y demeura néanmoins qu'une nuit, aprés quoy
on leur déffendit à tous deux
de ſortir de la maiſon où ils
eſtoient , juſqu'au jour de
l'embarquement. Ce jour
eſtant enfin venu, aprés quelques interrogations qu'on

leur fit, on leur permit de s'embarquer dans le Vaiſſeau du
Marchand Allemand, lequel
quoy qu'il ne fuſt pas fort
bon, eut la mer & le vent ſi
favorables, qu'il arriva à Lisbonne en huit jours.

Il arrive à Lis-bonne. Auſſi-toſt que les Péres eûrent mis pied à terre, ils s'en
allérent à la Maiſon Profeſſe,
où ils cauſérent également de
la ſurpriſe, & de la joye. On
ne les reconnut pas d'abord,
changez & veſtus comme ils
eſtoient : mais dés qu'ils ſe
furent fait connoiſtre, on les
vit avec d'autant plus de plaiſir que depuis tres-long-temps
on ne ſçavoitce qu'ils eſtoient
devenus.

On remarqua que le Pére
Spinola ſe regardoit avec com-

plaifance dans le pauvre habit
dont il eftoit veftu ; & il luy
échapa mefme de dire qu'il ne
s'eftoit jamais veû fi bien habillé. Cet habit fut une occafion d'interroger les nouveaux
Hoftes, de la raifon qu'ils
avoient eû de le prendre , &
à eux de la raconter.

Ce plaifir néanmoins de
raconter fes voyages, fi agreable
aux voyageurs, ne tenoit pas
tant au cœur de nos Miffionnaires , que l'envie de les continuer. La premiére chofe à
quoy ils penférent , fut d'en
obtenir la permiffion ; & ils
eftoient prefts à fe r'embarquer
au mois d'Avril de la mefme
année , fi les Superieurs de
Portugal le leur euffent voulu permettre : mais ils ne crû-

rent pas le devoir faire fans en avertir le Pére Général.

Cette refolution des Péres Portugais donna de grandes inquiétudes au Pére Spinola : il ne douta point que fi le bruit de fon retour venoit à fe répandre en Italie, fes parens ne fiffent de nouveaux efforts pour l'y r'appeller, & l'y retenir ; ce qui arriva en effet. Mais le Saint Homme fceut les prévenir. Car il écrivit au Pére Général avec une force & une ferveur furprenante. Voicy les termes par où il finit une de fés lettres écrite de Lisbonne.

Nous fommes arrivez en cette ville en bonne fanté, & plus refolus que jamais à continuer noftre voyage, tout prefts de recommencer mille fois le chemin

que

que nous venons de faire. Nous
nous attendons à bien d'autres
souffrances, que celles que nous
avons eûes jusqu'icy. Pour moy
j'y estois déja accoustumé ; & ce
qui paroist difficile à ceux qui
n'en ont pas l'expérience, m'a
paru à moy fort aisé. I'ay tant
de confiance en Dieu, que quand
tous les moyens humains me
manqueroient, je croy qu'il me
donneroit des aîles pour voler, où
je sens qu'il m'apelle si visiblement depuis tant d'années.

Des lettres si ferventes, &
si courageuses, marquoient
trop évidemment la volonté
de Dieu, pour que le Général en pust douter. Il resista
aux parens de Charles ; & sans
écouter leurs remonstrances,
quelques plausibles qu'elles

luy paruſſent, il luy donna une ſeconde fois, à luy, & à ſon compagnon la permiſſion de paſſer aux Indes.

Comme cette négociation les avoit obligez de laiſſer partir la flotté de l'année mil cinq cens quatre-vingts dix-huit, & d'attendre celle qui devoit partir au Printemps de l'année ſuivante, ils paſſérent ce temps-là au Collége de Saint Antoine, où le Pére Spinola fit ſa Profeſſion, avec le quatriéme vœu touchant les Miſſions ; & Jéroſme des Anges, qui n'eſtoit pas encore Preſtre, reçeût les Ordres ſacrez.

Il s'ex-
poſe au
ſervice
des pe-
ſtiférez.

Il y eût cette année-là à Liſbonne une maladie contagieuſe qui cauſa une grande mortalité dans la ville. Les

Péres de la Compagnie s'estant dévoüez au service des
pestiférez, s'estoient partagez
de telle maniére, qu'il y en
avoit à toutes les heures du
jour une troupe qui parcouroit les ruës, pour aller où
on auroit besoin d'eux; &
une autre dans nostre Eglise,
pour y administrer les Sacremens. Le Pére Spinola signala
sa charité en cette occasion, &
employa presque toute cette
année dans ces œuvres de
miséricorde.

Mais il fallut enfin penser au
départ. La flotte fut plus grosse
qu'à l'ordinaire, parce que celle qui estoit partie l'ánée d'auparavant, avoit esté obligée
de retourner assez honteuse-
ment à Lisbonne, s'estant trou-

Il se rembar-que pour les In-des.

vée trop foible pour réfifter
aux Hollandois. La maladie
avoit tellement épouventé les
Preftres, que pas un ne voulut s'embarquer pour fervir
d'Aumofnier fur cette flotte,
craignant que le mauvais air
n'entraft · dans les vaiffeaux,
avec ceux qui s'y embarque-
roient. Ce qui ayant obligé
les Magiftrats d'avoir recours
aux Jéfuites, on leur en donna jufqu'au nombre de vingt,
qu'on partagea en divers vaiffeaux. Le Pére Spinola, & le
Pére des Anges s'embarquérent enfemble avec quelques
autres, dont l'Homme de Dieu
fut déclaré Supérieur. On fit
voile fur la fin de Mars mil
cinq cens quatre-vingts dix-
neuf.

Je ne raconterai point en détail les particularitez de ce second voyage : le Saint Homme s'y aquita comme au premier de tous les devoirs d'un vray Apoſtre, particuliérement durant la peſte, qui comme l'avoient preſſenti les Preſtres Portugais, entra dans le vaiſſeau avec les Paſſagers , & ne finit point qu'ils n'euſſent paſſé la ligne. Il y fut en cela plus heureux, qu'il arriva enfin où ſes deſirs le portoient depuis ſi long-temps. Car quoy qu'une fiévre continuë de deux mois qu'il eût à Mozambique, le reduiſiſt à un état, où l'on croyoit qu'il fuſt devenu phtiſique, il ne laiſſa pas de continuer ſon chemin preſque auſſi-toſt qu'il put quit-

Il arrive à Goa, & enfin au Iapon.

ter le lit, & de s'embarquer pour Goa; d'où estant passé à Malaque, où il ne demeura que huit jours, aprés une navigation de cinquante-cinq, il fit voile à Macao dans la Chine, où il demeura prés de deux ans, soit faute de vaisseau, soit par quelque autre avanture.

Durant ce temps là il fut employé à prescher tous les Vendredis le sermon de la Passion. C'est un sermon qui se fait aux Indes dans nos Eglises depuis le temps de Saint François Xavier. Le Pére Spinola le fit d'une maniére si Apostolique, que les fruits en furent extraordinaires.

Comme il estoit bon Mathématicien, on luy fit tracer

en mesme temps le plan d'une nouvelle Eglise pour le Collége de Macao, où le feu avoit détruit l'ancienne.

Les grands talens que trouvérent en luy les Péres Emmanuël Diaz, & Valentin Carvaglio Supérieurs des Missions de la Chine, leur firent faire de grands efforts pour luy faire changer la Mission du Japon en celle du païs dont ils avoient le soin, où ils disoient que les Mathématiques luy seroient d'un plus grand usage, parceque les Chinois en sont fort curieux. Mais le Saint Homme se sentoit trop visiblement appellé au Japon; & comme il disoit luy mesme, le Japon luy avoit trop cousté, pour l'abandonner au moment

qu'il y alloit entrer. Il s'excusa
toûjours sur ce que ses ordres
estoient pour le Japon, non
pour la Chine; & à la premiére occasion, qu'il put trouver,
il se rembarqua avec le Pére
des Anges, & acheva enfin sa
carriére, arrivant heureusement à Nangazaqui au mois
de Juillet de l'année 1602.

Fin du second livre.

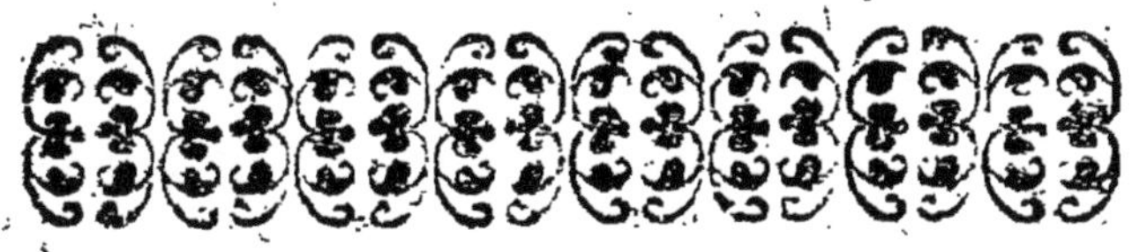

LA VIE

DU PERE CHARLES

SPINOLA

DE LA

COMPAGNIE DE JESUS.

LIVRE TROISIE'ME.

JE ne m'arresteray point icy à raconter les commence-mens, & les progrez de l'Eglise du Japon, déja assez connus par l'Histoire du fameux saint François Xavier, qui en a esté le premier Apostre. Il est seulement à remarquer que

Estat du Japon lorsque le Pére Spinola y arriva.

la Religion n'y fut plus tranquille depuis que Taïcofama
pouffant encore plus loin fes
conqueftes, que Nobunanga
fon prédéceffeur, eût achevé
de réunir tous les Royaumes
du Japon fous la domination
d'un feul Monarque.

Ce Prince qui du temps de
Nobunanga paroiffoit aimer
les Chreftiens, parce que fon
Maiftre les aimoit, en conceût
depuis de la haine, foit par la
défiance qu'on luy donna de la
puiffance d'Efpagne dans les
Philippines, foit par quelque
autre prévention. Néanmoins
comme il eftoit politique, il
ne laiffa pas de garder des
mefures, tandis qu'on fe mé-
nagea avec luy.

Depuis l'an 1549. que Saint

François Xavier avoit porté
la Foy au Japon, jufqu'à l'an
mil cinq cens quatre-vingts
tréze, les Miſſionnaires de
noſtre Compagnie avoient
ſeuls cultivé cette Egliſe. On
y contoit alors plus de trois
cens mille Chreſtiens adultes,
& parmi ces Chreſtiens un
nombre conſidérable des plus
grands Seigneurs du païs,
deux Rois, & un autre Souverain. On y faiſoit les éxercices de la Religion plus ou
moins publiquement, ſelon la
diverſité des temps, & l'humeur de ceux qui gouver-
noient. Nous y avons eû quelquefois juſques à cent cin-
quante Miſſionnaires, & des
maiſons preſque dans toutes
les bonnes villes, où l'on avoit

long-temps vescu avec la mesme liberté qu'on a en Europe, preschant publiquement,
enseignant, administrant les
Sacrémens, & passant d'un
lieu dans un autre selon le besoin des Eglises.

L'aversion que Taïcosama
avoit conceû de la Religion
Chrestienne ayant une fois
éclaté par un édit portant défense à tous ses Sujets de l'em-
brasser, & ordre exprés aux
Missionnaires de se retirer à
Nangazaqui, les Péres virent
bien que desormais il falloit
éviter le bruit, & ménager
l'humeur du Prince.

Cette conduite leur réus-
sit; car ayant fait semblant d'o-
béir, ils retournérent déguisez
chacun au lieu de leur Mission,

& y firent tant de fruit, que sans conter les petits enfans, ils baptizérent en l'espace de neuf ans plus de soixante-cinq mille ames. Cependant cette soumission apparente adoucit beaucoup l'Empereur; & diminuant peu à peu ses ombrages, remit les choses presque au mesme état qu'elles estoient auparavant.

On avoit vescu de la sorte, jusques à ce que de nouveaux Missionnaires s'estant venu établir au Japon, y furent occasion d'un grand changement.

Si leur zéle fut bien pur, il éclata un peu trop; car ils voulurent faire les choses trop hautement, quoy qu'on les avertist souvent que cette con-

duite estoit dangereuse : trompez apparemment par le bon
accueil, que l'Empereur leur
avoit fait, & ne sçachant pas
que ces faveurs estoient l'effet
d'une autre tromperie, que
leur faisoient à eux mesmes
leurs Truchemens, portant
de leur part parole au Prince
que le Gouverneur des Philippines, de la part duquel ils
estoient envoyez, s'alloit rendre son tributaire. Car Taïcosama irrité de voir ses espérances trompées, & rentrant
bien plus que jamais dans ses
défiances contre les Chrestiens,
que les ennemis de la Foy alloient augmentant de jour en
jour, fit de sanglants édits
contre eux, & alluma dans
cette Eglise un incendie qui

ne s'eſt jamais bien éteint. Il eſt vray qu'aprés quelques temps de perſécution les choſes revinrent dans un état aſſez doux, & aſſez tranquille ; mais au travers de tout ce calme on appercevoit de temps en temps à la Cour certaines étincelles de ce feu, que l'on craignoit de r'allumer ; & l'événement ne fit que trop voir, qu'on ne le craignoit pas en vain.

Ce fût pendant que les choſes eſtoient dans cette tranquilité timide, que le Pére Spinola arriva au Japon avec ſon Compagnon le Pére des Anges. Daïfuſama, qui avoit uſurpé l'Empire ſur le fils de ſon prédéceſſeur, y regnoit avec une apparente modération à l'égard des Chreſtiens, qu'il ne croyoit pas devoir irriter au commencement d'un nouveau regne : mais il recevoit facilement les mauvaiſes impreſſions qu'on luy donnoit d'eux.

Ce fut là où les deux Miſſionnaires furent obligez de ſe ſéparer, pour travailler chaqu'un de leur coſté à la vigne du Seigneur : mais pour ſe rejoindre un jour au martyre, par un meſme genre de mort.

La premiére choſe qu'on fit faire au Pére Spinola fut d'apprendre la langue du païs. Dans ce deſſein, on l'envoya à Arima, capitale d'un Royaume de ce nom, où nous avions alors un Collége ; & pour luy donner plus d'occaſion de parler

fer la langue qu'il aprenoit, on
le mit dans le Séminaire, où
l'on élevoit de jeunes Japonois;
& on luy donna à gouverner
une Congrégation de la Sainte
Vierge, où il fit tant de fruit
en peu de temps, que celuy
qui en estoit Préfet mourut en
odeur de sainteté, ayant à peine esté six mois entiers sous sa
conduite.

   Aprés qu'il eût passé un an
dans ce Séminaire, on le jugea
capable d'une Mission plus importante. On le donna pour
Pasteur à une grosse bourgade
qu'on nomme Aria, éloignée
d'Arima d'environ une lieuë,
où il demeura prés de deux
ans, ne venant que tous les
deux mois au Collége, pour
assister aux conférences, que

H

les Missionnaires faisoient entre eux touchant les nécessitez de leur troupeau, & leur
propre perfection.

Charles trouva dans cét employ dequoy satisfaire le désir
qu'il avoit de travailler au salut
des ames, & de souffrir pour
Jesus-Christ. Il y trouva des
Idolâtres à convertir, des enfans Chrestiens à instruire, une
Eglise fort étenduë à gouverner : de sorte qu'à peine estoit-
il revenu d'administrer les Sa-
crements dans un lieu, que souvent sans luy donner le temps
de manger, on l'appelloit pour
aller dans un autre. Il pouvoit
dire comme Nostre Seigneur,
que sa principale nourriture
estoit de faire la volonté de
celuy qui l'avoit envoyé. Car

c'eſtoit en effet l'unique choſe, qui le pouvoit ſoutenir
parmy tant de fatigues, & luy
donner en tant de diverſes occupations cette admirable éga-
lité d'application & de ferveur, qu'il eſt ſi difficile de
conſerver, quand le corps eſt
las & abbatu.

Auſſi quand quelque choſe
réuſſiſſoit à la gloire de Dieu,
& au ſalut des ames, c'eſtoit
une ſi grande conſolation pour
luy, qu'un jour ayant adroi-
tement baptiſé un enfant qui
s'en alloit mourir, en prenant
de l'eau avec ſon mouchoir,
afin que les Idolâtres qui
eſtoient preſens, ne s'en ap-
perçeûſſent pas; il proteſta que
cette action luy avoit cauſé
une joye capable de luy tenir

lieu de récompense de tout ce qu'il avoit fait jusques alors, & de tout ce qu'il feroit jamais. Dieu qui est libéral envers les siens, luy fournît souvent des sujets d'une semblable consolation : car il luy donna un talent particulier pour convertir les Idolâtres, de sorte que nonobstant la persécution, qui fut au Japon comme une funeste nuit, pendant laquelle il fut difficile aux Ouvriers Evangéliques de faire beaucoup pour le salut des Payens intimidez de toutes parts par le glaive & les bûchers, il ne laissa pas d'en baptiser de sa main jusqu'au nombre de cinq mille.

La charité de ce bon Pasteur ne se bornoit pas aux né-

cessitez spirituelles de son troupeau ; elle s'étendoit jusques
aux besoins corporels. Il avoit
une tendresse particuliére pour
les pauvres ; il conversoit volontiers avec eux, & il s'abais-
soit pour les secourir, jusqu'à
demander l'aumosne pour la
leur donner, quand il leur
avoit distribué tout ce qu'il
pouvoit se retrancher à luy-
mesme, de ce qu'on luy donnoit pour vivre.

D'Aria le Saint Missionnaire
fut envoyé à Méaco, ville capitale du Japon, où nous avions
alors un Collége, pour y faire la charge de Pére Ministre,
importante dans nos maisons
pour l'observance de la discipline réguliére, & pour le soulagement des particuliers, aux

Nouvelle
ferveur
du P Spi-
nola dás
le Collé-
ge de
Méaco.

besoins desquels il doit pourvoir. Dans cette charge, quoy
qu'il fut éxact & vigilant, il
crut néanmoins que l'essentiel
estoit d'y estre charitable ; persuadé que ceux qui dans les
communautez veillent à faire
porter le joug du Seigneur,
manquent au capital de leur devoir, quand ils n'y mettent pas
l'onction, qui le doit rendre
doux & léger. C'est à quoy
le Pére Spinola s'appliqua durant tout le temps qu'il fut dans
cét employ. On luy trouvoit
toûjours un visage ouvert, un
air affable, une envie de faire
du bien, qui loin d'augmen-
ter en ceux qui s'adressoient à
luy la peine qu'il y a naturellement à demander, persua-
doit qu'on luy faisoit plaisir

de luy donner occasion de rendre service. Il n'estoit févére
qu'à luy-mesme ; & en ce qu'il
estoit obligé d'éxiger d'autruy,
il le faisoit toûjours le premier.

On le proposoit à ceux de
la maison comme un parfait
éxemple de toutes sortes de
vertus ; Il sembloit que la demeure du Japon leur eûst encore donné un nouveau lustre. Le
Pére François Paciéco, si fameux par ce qu'il a fait en ces
Missions, conseilloit à tout le
monde de faire habitude avec
luy, afin, disoit-il, d'en apprendre une maniére toute particuliére de pratiquer la charité.

Sa vie estoit un jeusne conti-
nuel. Il fut deux ans sans manger des fruits du Japon, dont
ceux qui alloient alors d'Euro-

pe en ce païs-là faisoient leur
principale nourriture, parce que
le reste est fort mauvais; & il
ne commença à en manger,
que quand les Supérieurs s'é-
stant apperceûs de son absti-
nence, luy ordonnérent d'en
user comme les autres. Il prenoit tous les jours la discipline;
& le Caresme il la prenoit jusques à verser beaucoup de
sang.

Mais Dieu avoit soin d'a-
doucir ses penitences par une
abondance de consolations extraordinaires, ses prieres estant
souvent accompagnées de tres
douces larmes, particuliérement quand il disoit la Messe.
Les éxercices de Saint Ignace
qu'il faisoit tous les ans durant
un mois, luy estoient sans doute d'un

te d'un grand secours, pour entretenir cette ferveur.

Cette union avec Dieu ne
diminuoit rien de son zéle. Il
gouvernoit une Congrégation
de Catéchistes, qui estoient
des personnes laïques desti-
nées à enseigner le Catéchisme
aux autres, dans laquelle il fit
de fort grands fruits. A quelque
heure qu'on l'appellast pour
entendre les confessions, on ne
le vit jamais ni s'excuser, ni
différer d'y aller, ni mesme té-
moigner qu'il y eûst de la peine: toûjours au dessus de la peine & du travail, par le désir ardent qu'il avoit de travailler &
de souffrir. Quand son employ
luy permettoit de sortir de la
ville, il alloit prescher à la
campagne; & ce zéle luy pensa

I

couſter la vie. Car un jour en paſſant une riviére dans un petit bateau, le bateau ayant tourné, il tomba dans l'eau, & fut long-temps au fond ; d'où il eſt à croire qu'il ne fut retiré que par un ſecours extraordinaire de la providence, qui le réſervoit à une mort plus glorieuſe.

Le génie qu'il avoit pour les Mathématiques luy fut de grande utilité à Méaco, meſme pour accréditer la Religion. Comme il expliquoit plauſiblement le ſyſtéme du Ciel, & qu'il prédiſoit les Eclypſes, en quoy leurs Bonzes eſtoient tres ignorans, ils tiroient de là cét argument, qu'il y avoit de l'apparence que des gens qui parloient ſi juſte ſur ces ſortes de choses, ne se trompoient pas sur le fait de la Religion. Il fit de ces machines de Mécanique propres à aider l'imagination, pour faire comprendre ce qu'il leur enseignoit touchant les Epicycles des Etoilles errantes; & ces machines plûrent si fort, qu'on le fit venir à la Cour pour les y expliquer.

Le Saint Homme avoit passé sept ans à Méaco dans *Il va à Nangazaqui.* cette maniére de vie, lors qu'on jugea qu'il falloit luy donner un employ de plus grande étenduë. On l'envoya à Nangazaqui pour prendre le soin de pourvoir aux nécessitez de tous les Missionnaires de la Compagnie alors répandus par tout le Japon, en qualité de ce que nous appellons Procureur de la Province.

I ij

On eût de la peine à le retirer d'entre les mains des Chreftiens de la capitale, qui l'ai-
moient tous comme leur pére,
ils interpoférent auprés du Provincial l'interceffion du Roy
d'Arima pour le retenir, mais ils
n'en purent venir à bout : car
quoy qu'il eûft de l'averfion
pour la charge qu'on luy donnoit, parce qu'il appréhendoit
que l'adminiftration des chofes
temporelles ne le diffipaft trop,
il voulut néanmoins fuivre le
cours que la Providence luy
marquoit.

Cette charge luy fut plus
avantageufe qu'il ne penfoit :
car outre qu'elle luy donna
lieu d'étendre fes foins & fa
charité, qui fut en effet admi-
rée, dans un temps où la per-

fécution qui commença incontinent aprés, rendit cet employ
tres difficile ; ce fut encore ce
qui luy fit naiftre l'heureufe
occafion de fon martyre : parceque l'obligeant d'avoir du
commerce, & des correfpon-
dances en divers lieux, il demeura plus expofé que les autres, & plus facile à découvrir.

De toutes les perfécutions qu'ait jamais fouffert la Foy
Chreftienne, celle qui s'éleva
au Japon en l'année 1612. a efté
la plus longue, la plus continuelle, on peut mefme dire la
plus fanglante. Il y a foixante
& huit ans qu'elle dure, fans
relâche, & fans adouciffe-
ment. Le fer & le feu n'ont
pas paru fuffifans aux Tyrans du Japon, pour abolir

le nom Chreſtien dans leur païs:
les fameux tourmens de l'eau,
& de la foſſe ont fait voir qu'il
y a des maniéres de ſupplices
que Dioclétien ne connoiſſoit
pas.

Encore auroit-on eſté heureux, ſi les perſécuteurs de la
Foy n'euſſent eſté ingenieux
qu'à inventer des tortures. Il
y a long-temps que la conſtance de ces nouveaux Chreſtiens
auroit laſſé la cruauté de leurs
bourreaux; & leur ſang répandu dans cette terre n'auroit
ſervi qu'à y faire germer une
nouvelle moiſſon, que les
ouvriers évangéliques iroient
maintenant receuïllir avec cette
ardeur extraordinaire, qu'on a
eû dans la Compagnie pour
cette Miſſion, pendant le temps

qu'elle a esté ouverte, ou au travail, ou au Martyre. Mais les dā-
nables inventions que l'enfer a
suggerées à ces barbares, pour
empescher que de nouveaux
missionnaires ne se glissent dans
leur païs, y ont presque éteint
avec le nom Chrestien l'espérance de l'y rétablir.

On dit que quelque temps
avant que la persécution com-
mençast, un Démon qu'on
éxorcisoit, ayant esté interrogé
sur ce qu'il estoit venu faire là,
répondit qu'il y estoit venu faire ce qu'il avoit fait depuis
quelques années en Angle-
terre.

Il parut bien-tost que ces
menaces n'estoient pas vaines.
Car les mesmes ombrages
qu'avoit eû autrefois Taïco-

fama de la puiſſance d'Eſpagne dans les Indes, ayant eſté donnez à Daïfuſama; & les Hérétiques négotians en ces quartiers-là, ayant conſpiré avec les Idolâtres de faire paſſer dans ſon eſprit les Ouvriers Evangéliques pour des émiſſaires de cette Couronne, qui ſous prétexte de Religion, formoient peu à peu leur parti, il n'y eût point d'éxtrémitez auxquelles ce Prince ne ſe portaſt, pour éteindre le Chriſtianiſme au Japon.

La premiére choſe qu'il fit fut de renouveller d'anciens édits, portans défenſe à tous nobles Japonois, & à tous ſoldats de profeſſion de ſuivre la Religion Chreſtienne; & ces édits furent bien-toſt étendus

à toutes sortes de personnes.
On fut néanmoins prés de deux
ans, qu'on ne les éxécuta qu'en
certains endroits, où les Princes & les Gouverneurs avoient
plus d'envie de plaire à l'Empereur. Le grand nombre de
Chrestiens qui se trouvoit en
quelques Provinces, & le courage qu'ils témoignoient, retint beaucoup les Magistrats:
jusques-là que Michel Prince
d'Arima, grand ennemi de la
Foy Chrestienne, dont il estoit deserteur, & qui fit les
premiers Martyrs de cette persécution, fut obligé de tolé-
rer l'éxercice du Christianisme
dans cette bourgade d'Aria,
dont le Pére Spinola avoit esté
Pasteur.

Ce fut proprement l'an 1614,

que la perſécution devint uni-
verſelle , lors que l'Empereur
irrité de nouveau contre les
Chreſtiens par les calomnies
de leurs ennemis , fit publier
un dernier édit , par lequel
il eſtoit ordonné à tous les Miſſionnaires venus d'Europe , à
tous les Preſtres, & Catéchiſtes
Japonois de ſortir inceſſam-
ment du Royaume , & à tous
les Chreſtiens qui y demeure-
roient , de renoncer à leur Religion , ſous peine de la mort.

On dit qu'un Hérétique
ayant dit à cet Empereur, que
quelques Princes & quelques
Roys d'Europe avoient chaſſé
les Religieux de leurs Etats,
comme gens pernicieux au bien
public , ce Monarque s'excu-
ſoit là deſſus de la rigueur qu'il

éxerçoit contre eux, difant que ce n'eſtoit pas excéder, que d'en uſer comme leurs Princes naturels.

L'Eveſque du Japon, Dom Loüis de Cerquéira, Religieux de la Compagnie, comme l'avoient eſté tous ſes prédéceſ-ſeurs, eſtant mort au commen-cement de cette année, le Cler-gé compoſé de quelques Pre-ſtres, & d'environ cent cin-quante Religieux, avoit éleû pour Vicaire Général, juſqu'a l'arrivée d'un nouvel Eveſque, le Pére Vincent de Carvayal Provincial de laCompagnie. Le Pape ordonna depuis que celuy qui ſe trouveroit reveſtu de cet-te Charge dans le Japon, ſeroit Vicaire Général toutes les fois que le ſiége vaqueroit.

Ce Pére ne pût gouverner long-temps cette Eglise, ayant esté résolu que pour céder un peu au temps, le plus grand nombre des Missionnaires sortiroit du Japon, en attendant une saison plus calme, afin de ne pas exposer toutes les espérances de l'Inde, avec la vie de tant de grands Ouvriers. Le Provincial qui estoit trop connu, & qui estoit nommément banni, fut obligé de se retirer avec soixante & quatorze de ses Religieux, qui avec les autres éxilez s'embarquérent à Nangazaqui, pour se disperser en plusieurs endroits.

Ce fut avec cette sainte troupe que sortit du Japon Juste Vcundono si célébre dans l'histoire de cette Monarchie pour avoir esté un des plus grands Seigneurs du païs, & pour les services qu'il avoit rendus aux Empereurs par sa valeur; mais beaucoup plus encore par la constance qu'il eût à conserver sa Foy, pour laquelle il mourut banni de sa patrie, & décheû de toutes ses dignitez. Aussi l'honora-t-on à Manille, où il alla finir sa vie, comme un vray Confesseur de Jesus-Christ; ses obséques ayant plutost esté une espéce de triõphe, qu'une pompe funébre.

Les ennemis du nom Chrestien ne doutoient pas que le troupeau de Jesus-Christ n'allast estre bien-tost dispersé, croyant qu'il n'avoit plus de Pasteurs ; mais ils furent bien étonnez, quand ils virent

le courage des Fidelles à braver
les Tyrans, & les supplices.

Jamais la primitive Eglise ne
vit de plus illustres exemples de
constance & de ferveur, que
l'Eglise du Japon en vit a-
lors. Un jour dans la ville de
Méaco, où l'on avoit fait publier un édit, qui portoit que
tous ceux qui s'obstineroient
à suivre la Foy des Chrestiens,
eûssent à préparer un poteau
pour y estre bruslez tous vifs,
on trouva des poteaux plan-
tez devant la porte de tous les
Chrestiens ; & le nombre de
ceux qui se déclarérent en cette prémiére émotion fut si
grand, qu'il épouventa les Magistrats. On vit une jeune
Vierge de vingt ans nommée
Magdeleine au milieu des flam-

mes prendre des charbons ar-
dens , les baifer, & les porter
fur fa tefte, comme pour s'en
faire une couronne : ce qui
enflamma tellement les Chreftiens qui affiftoient à ce fpe-
ctacle , où l'on faifoit brufler
huit Martyrs , que fans crain-
dre ni les Juges, ni les foldats,
ils fe jettérent au milieu du bufcher, pour fe faifir des corps
Saints , & leur rendre l'honneur qui leur eftoit deû.

Auffi les Tyrans fe trom-
poient-ils de croire que les
Pafteurs du Japon euffent a-
bandonné leur troupeau : car
il en eftoit refté beaucoup,
dont le nombre alla toûjours
s'augmentant les années fui-
vantes, foit par ceux des éxilez qui retournoient, foit par

d'autres venus de nouveau, ſoit par ceux que les divers Ordres Religieux qui eſtoient alors au Japon, receûrent en ce temps là meſme dans leur corps; demeurant tous déguiſez, & ſe cachant dans les maiſons de ceux des Chreſtiens, qui avoient aſſez de courage pour les recevoir.

De 23. Jéſuites qui reſtérent, le Pére Spinola en fut un; ce qui fut vne joye incroyable pour luy, & un bien-fait, dont il aſſuroit qu'il ſe tenoit encore plus obligé à Dieu, que de la premiére vocation qu'il avoit eû à ces Miſſions.

Il falloit des gens de ce caractére pour vivre parmi les Japonois, comme les Ouvriers de l'Evangile furent obligez d'y vivre alors

alors, cachez, comme dit S. Paul
de ceux de son temps, dans
les antres & dans les cavernes,
errant dans les forets & dans
les deserts, souffrant la faim,
& la soif, le froid, & la nudité,
& avec les mesaises de la vie
ayant toûjours devant les yeux
l'image du supplice, & de la
mort.

Ce fut dans cette conjonctu-
re que les Vertus du Saint Missionnaire parurent avec un nouveau lustre aux yeux des Fidelles, qui en furent témoins. On
ne vit jamais un plus grand mépris de la vie, ni une plus grande
intrépidité, jusques là que ceux
qui n'en pénétroient pas assez
le principe, l'attribuoient à té-
mérité.

Ceux qui étudioient de plus

prés fa conduite voyoient bien
au contraire que c'estoit un éf-
fet de la magnanimité la plus
épuréé. Car quoy que dans le
fonds du cœur il eûst un ardent
défir du Martyre , il n'omit
rien de tout ce que la prudence
peut fuggérer, pour éviter d'e-
ftre pris : de forte que quoy
qu'il ne craignift rien tant que
de perdre l'occafion de mourir,
il prit toutes les précautions
que prennent ceux qui aiment
le plus la vie. Il changea d'habit, & de nom, fe faifant appeller Jofeph de la Croix ; il
n'avoit aucune demeure fixe, &
ne marchoit jamais que la nuit,
la figure des Japonois eftant fi
différente de celle des Européans , qu'un Etranger ne peut
fe montrer fans eftre inconti-

nent connu. Voicy ce qu'il en
écrit au Pére Pompile Lam-
bertingue.

*Il y a déja prés de deux ans
& demi que je travaille au salut
des Chrestiens de ce païs ; je
passe secrettement de maison en
maison, j'entens les Confessions
la nuit, & je dis la Messe où je
me trouve, parce que je n'ay point
de demeure stable ; je suis la plupart du temps tout seul, privé de
toute conversation, & de toute
consolation humaine, n'ayant que
celle que Dieu donne à ceux qui
souffrent pour l'amour de luy. Ce
qui me tourmente le plus, c'est
de voir non seulement des fleurs
abbatuës dans cette vigne du Seigneur par le vent de la persécution, mais des fruits mesme déja
presque meûrs, qui estoient l'es-*

pérance de tous nos travaux.
Cependant je me porte assez bien;
& quoy que je manque presque de
toutes choses, & que je ne fasse
qu'un médiocre repas par jour,
je n'amaigris pas encore, expé-
rimentant en moy-mesme ce que
le Sauveur a dit, que l'homme ne
vit pas seulement de pain.

Le soin qu'il prenoit de se
cacher ne luy réussissoit que
trop à son gré : & ce qui luy
donna une vraye inquiétude,
fut qu'il courut un bruit parmy
les Chrestiens que les Magistrats avoient résolu de ne faire mourir aucun Prestre étranger. Mais il fut bientost ras-
suré là dessus. Quelques Missionnaires zélez, mais un peu
de ce zéle qui n'est pas selon la
science, n'approuvant pas la

conduite des autres, & difant
qu'il eftoit honteux à des A-
poftres de fe cacher, & de té-
moigner de la crainte, firent
connoiftre aux idolâtres qu'il
y avoit encore des Preftres au
Japon. Xongunfama qui avoit
fuccédé à fon pére, jeune Prince naturellement cruel, élevé
dans un Monaftére de Bonzes
ennemis jurez du nom Chref-
tien, en ayant efté averti, envoya ordre de les chercher, &
de les faire tous mourir. Le
Pére Jean Baptifte Machade
Jéfuite, & le Pére Pierre de
l'Afcenfion de l'Ordre de Saint
François furent pris dés la
premiére recherche, & eûrent
tous deux la tefte tranchée.

Le martyre de ces deux Religieux réveilla les efpérances,

de Charles, & il écrivit au Pére
Général, qu'il eûst esté indubi-
tablement participant de leur
couronne, si un hérésipéle qui
luy estoit venu à la jambe, ne
l'eûst empesché de sortir durant deux mois, & de parcou-
rir les bourgades dont il avoit
soin. Mais comme il dit luy-
mesme dans cette lettre, ce qui
luy fut alors différé, ne fut pas
perdu pour luy.

Il en eûst de grands pressentimens. Quelque temps avant
qu'il fust pris, on remarqua en
luy un redoublement extraordinaire de ferveur ; il estoit plus
long dans ses priéres, & à dire
la Messe qu'auparavant, & il
y paroissoit comme un homme
extasié. Un jour sortant de l'O-
raison il appella son Catéchiste,

& luy ayant donné quelque chose à serrer, il luy mit entre les
mains une boëtte d'images,
qu'il le pria de distribuer à ses
amis aprés sa mort. Il luy fit
aussi quelque petit présent, &
le pria de le garder pour se souvenir de luy. Le Catéchiste
attendri à ces mots luy répondit d'un air fort touché. *Ah
mon Pére je n'ay pas besoin que
rien me fasse souvenir de vous,
outre que vous m'avez trop fait
de bien pour vous oublier, je ne
vous veux pas survivre, & je
vous tiendray si bonne compagnie,
qu'on ne vous fera pas mourir
sans moy.* Pour moy, répondit
le Saint Homme, *il m'arrivera
tout ce qu'il plaira à Dieu; mais
pour vous, vous n'aurez point de
mal.*

L'événement fit bien-tost voir que ces pressentimens n'estoient pas de ceux que donnent le chagrin & la peur. Gonroc Gouverneur de Nangazaqui nouvellement arrivé de la Cour, & chargé des ordres du Prince pour la découverte des Missionnaires, fit faire de si éxactes perquisitions, que l'on en découvrit beaucoup; & le Père Spinola en fut du nombre.

Ce fut chez un pauvre Portugais nommé Dominique Georges que l'Homme de Dieu fut arresté le tréziéme de Décembre de l'année 1618. Il avoit eû dessein de changer de maison, parce qu'on l'avoit averti de bonne part qu'il n'estoit pas en sureté, où il estoit; & il

& il avoit mefme pris des mefures pour en fortir le foir d'auparavant : mais la Providence
qui avoit marqué fon heure,
permit que divers incidens
l'en empefchaffent. Deux per-
fonnes confidérables chez qui
il avoit accouftumé de fe retirer, le priérent de différer jufqu'au landemain : un Pére arrivé le mefme jour à Nangazaqui, l'occupa à luy trouver un
logis, & à le pourvoir des chofes néceffaires : & par deffus cela
la femme de fon Hofte voulant
faire fes dévotiõs le landemain,
le pria de différer jufques là,
pour la cõfeffer, & pour luy dire
la Meffe. Il s'éveilla fur le mi-
nuit, ayant refvé que des vo-
leurs eftoient entrez par force
dans fa chambre. Ce fonge

L

estoit un avertissement de ce qui arriva demie heure aprés. Car il n'avoit pas encore recommencé à dormir, qu'il entendit enfoncer les portes par les Gardes du Gouverneur. Ils n'avoient pas remarqué sa chambre, qui estoit la premiére à l'entrée du logis ; & ils estoient allé tout droit à celle d'Ambroise Fernandez son compagnon, duquel s'estant saisis, aussi bien que du Maistre de la maison, criminel pour les avoir retirez, ils s'en retournoiét avec leur proye, lors qu'un d'entre eux ayant apperceû la chambre où estoit le Saint Homme, ouvrit la porte, & le trouva.

Il estoit en priéres, & s'offroit à Dieu en sacrifice, lors

que ces Barbares l'apperce-
vant se jetterént sur luy , & le
liérent par le cou , par les
pieds, & par les mains ; mais
d'une maniére si cruelle, que
les cordes demeurérent mar-
quées sur sa chair, & qu'il en
porta le reste de sa vie les ves-
tiges & les meurtrisseûres. Les
Gardes manquérent son Catéchiste, qui estoit allé dans la maison voisine.

Les Captifs furent conduits
chez le Gouverneur, où on
amena bien-tost aprés deux
Péres de l'Ordre de Saint Dominique, avec lesquels ils passérent ce jour là, & la nuit sui-
vante dans une basse-cour prés
d'une écurie, exposez au froid
de la saison. Là quelques Do-
mestiques du Gouverneur qui

L ij

estoient Chrestiens, relasche-
rent les liens du Pére Spinola,
qui employa cette nuit à entendre leurs confessions. Ce
fut là aussi que les quatre Religieux se firent apporter chacun l'habit de leur Ordre, &
s'en revestirent.

Le landemain le Gouver-
neur les fit comparoistre devant luy ; & aprés leur avoir
demandé leur nom, leur âge, &
leur païs, il leur parla ainsi. *Ie
ne comprends pas*, dit-il en adressant la parole au Pére Spinola
*comment vous l'entendez vous-
autres, quand vous dites que
vous venez icy, pour donner la
vie aux Iaponois, puisque vostre
venuë a esté cause qu'on en a fait
mourir un si grand nombre.* Le
Pére prenant occasion delà, de

luy parler de la Religion, fit
un petit discours en ces termes.

Cette vie mortelle, Seigneur,
& toutes les choses qui en dépen-
dent, passent, & il les faut quitter un jour. La vie de l'ame qui
est immortelle, est l'unique qui mérite nos soins : & comme le bon-
heur de cette vie de l'ame dépend
de l'observation de la Loy Chrestienne, vous ne devez pas vous
étonner, de voir que les Iaponois,
qui l'ont receüe méprisent si fort
les tourmens. Pour moy, c'est ce
qui depuis long-temps fait l'ob-
jet de tous mes désirs : je vous
rends graces de ce que vous y con-
tribuez ; & tant s'en faut que je
me plaigne de vostre Empereur,
ni de ses Ministres, que je prie
Dieu de tout mon cœur de leur

faire connoiſtre la vérité, & de les amener dans le chemin du ſalut.

Le Gouverneur ne trouva rien à répondre à un diſcours ſi fort, & quitta le Pére pour aller diſner. Aprés le repas il ordõna qu'on luy ramenaſt le Pére Spinola tout ſeul. Il l'attendit dans ſon cabinet accompagné de deux de ſes Domeſtiques; & d'abord qu'il fut arrivé, il commença avec luy une maniére de converſation, que j'ay crû devoir rapporter icy, auſſibien que la précédente, pour montrer comment s'accomplit dans les Ouvriers Evangéliques, la promeſſe que Dieu leur a faite, de leur inſpirer ce qu'il faut dire, quand ils paroiſtroient devant les Tyrans. Le

Pére Spinola a assuré qu'il l'avoit expérimenté en cette occasion, ne s'eſtant jamais trouvé à ſon gré, ni ſi éloquent, ni ſi ſçavant dans la langue Japonoiſe.

Comment eſtes-vous demeuré au Iapon, dit le Gouverneur, *& en quelles maiſons vous eſtes vous caché? Nous ne manquons pas de ſecrets,* repartit le Pére, *pour nous cacher quand nous le voulons; mais il ne m'eſt pas permis de vous les dire, non plus que les maiſons, où nous nous ſommes retirez, pour ne pas nuire à nos Hoſtes. Si vous eſtes ſi ſcrupuleux là-deſſus,* reprit le Juge, *pourquoy les mettre en ſi grand péril? Ce n'a pas eſté mon intention,* répondit judicieuſement le Pére; *mais comme ceux chez*

qui j'ay demeuré, l'ont défiré
pour le falut de leurs ames, je me
fuis fervi de leur bonne volonté,
en expofant auffi ma vie pour eux.
Mais enfin, ajoufta Gonroc,
puifque l'Empereur ne veut pas
que vous demeuriez au Iapon,
pourquoy vous obftinez-vous à y
demeurer contre fa volonté ? Seigneur, répondit le Pére Spinola avec une admirable pré-
fence d'efprit, fi quelque grand
Seigneur au-deffus de vous, vous
avoit fait un commandement,
& que l'Empereur vous ordon-
naft le contraire, vous obéiriez
fans doute à l'Empereur, & vous
croiriez avoir là-deffus dequoy
vous excufer raifonnablement de
voftre defobéiffance auprés de l'autre. Ainfi, Seigneur, je fais
tout ce que je puis faire pour té

moigner le respect que je porte à
l'Empereur du Iapon ; quoy que je
sois Religieux, je n'en porte pas
l'habit ; je ne presche point publiquement ; je me cache, & ne fais
mes fonctions que dans les ténè-
bres & durant la nuit. Mais aussi
parce que Dieu, qui est un plus
grand Roy que luy, m'oblige à
maintenir sa Loy, je n'épargne
pas ma vie pour luy obéir. A ces
mots Gonroc se tournant
vers ceux qui estoient auprés
de luy, *Voilà*, dit-il, *un plai-*
sant détour. A quoy le Pére répondit respectueusement : *Sei-*
gneur, ce n'est point un détour,
c'est une Loy éternelle & immua-
ble, à laquelle nous ne pouvons
rien changer. Mais c'est encore
moins un piège que nous vous
tendons pour nous rendre maistres

de vos terres & de vostre Empire, comme quelques-uns se le per-
suadent. S'il estoit ainsi, nous
aurions tasché de vous apporter
une Religion plus douce, & plus
au goust des Grands que la nostre : nous aurions presché une Loy
commode ; & nous ne nous abstien-
drions pas, comme vous convenez
vous-mesmes que nous faisons, des
plaisirs de la chair & des sens :
ou du moins nous f'rions comme
vos Bonzes, ayant comme eux les
dehors austéres, & ne nous refu-
sant rien en secret.

Le Pére continuant ce discours dît bien des choses contre les sectes des Bonzes ; à
quoy le Gouverneur ne repli-
quant rien, envoya ceux qui
estoient auprés de luy, dire
qu'on luy amenast les autres

Prisonniers. Le Saint Homme
prenant ce temps-là pour luy
parler du Royaume de Dieu,
vous avez l'esprit trop bien fait,
Seigneur, luy dit-il en le flatant,
pour mourir dans une Religion
comme la vostre : car je ne vous
accuse point des rigueurs, qu'on
éxerce icy contre moy ; vous éxécu-
tez les volontez d'autruy. Faites
vous instruire d'une meilleure
loy que celle de vos Bonzes, & de
vos faux Dieux : c'est le zéle
que j'ay pour vostre salut, qui me
fait vous parler ainsi. Gonroc
souscrit à ces paroles, & estant
sorti de son cabinet, pour voir
si personne n'avoit pû entendre ce que le Pére luy venoit
de dire, il rentra pour luy répondre en peu de mots, *que la*
Foy Chrestienne ne luy plaisoit

pas. Ie sçay bien pourquoy, repartit le Pére ; c'est que vous n'avez jamais oüi nos sermons ; si vous en vouliez faire expérience ? Comme l'Homme de Dieu prononçoit ces mots, les autres captifs arrivérent ; & depuis il ne trouva plus moyen de renoüer cette conversation. Il servit d'intérpréte aux Péres Dominiquains, qui répondirent tres sagement aux demandes du Gouverneur.

Durant cét interrogatoire il arriva un Officier d'Omura, que Gonroc avoit envoyé querir, pour y conduire les Péres, & les mettre dans une prison, où on avoit déja mis un autre Religieux de Saint Dominique, un de l'Ordre Saint François, & six Japonois séculiers. Car il

ne vouloit pas qu'ils demeuraf-
fent à Nangazaqui, où il craignoit que le grand nombre de
Chreftiens qu'il y avoit alors,
ne fift un trop grand concours à leur prifon.

Ainfi l'interrogatoire eftant
fini, on les voulut mettre entre les mains de l'Officier avec
trois valets pris avec eux ; car
pour leurs Hoftes on les retint
là. Mais le peuple qui avoit appris par où les Saints Confeffeurs devoient paffer, s'y affem-
bla en fi grande foulle, que
l'Officier étranger ne s'en voulut pas charger, & les alla attendre à Uracam, au delà d'un
petit détroit, qui a de trajet
environ une lieuë. Ce furent les
Officiers de Gonroc, qui les
conduifirent jufques là. Ils paf-

ferent par quelques ruës de
Nangazaqui, parmi les pleurs,
& les fanglots des Fidelles, que
les Gardes ne peûrent empefcher de s'approcher des Martyrs, de leur dire adieu, & de
toucher leur habits par refpect.

Afin d'eftre pluftoft libres de
cét embaras, on les embarqua
le plus prés que l'on pût de la
maifon du Gouverneur. Dés
qu'ils furent embarquez, on les
mena à Uracam, où l'Officier
d'Omura les attendoit avec des
chevaux, & une bonne efcor-
te. Cét Officier les traita fort
honneftement, & s'excufant auprés du Pére Spinola du mal
que fa charge l'obligeoit de luy
faire contre fon inclination, il
luy fit délier les mains, & donner un bon cheval. Les Pri-

sonniers firent ce chemin partie en méditant la prise de
Nostre Seigneur, comme le
saint Homme l'a écrit depuis,
partie en chantant des pseaumes, & se réjoüissant comme les
Apostres, d'avoir esté jugez dignes de souffrir cét opprobre
pour Jesus-Chrit.

On coucha une nuit en chemin, durant laquelle le serviteur de Dieu confessa quelques
Chrestiens qui s'adressérent à
luy; car tous les chemins en
estoient remplis. On partit le
landemain aprés disné. L'Officier fit amener un cheval au
Pére Spinola; mais n'y ayant
que fort peu de là jusqu'à un
lieu où il falloit s'embarquer,
pour passer un assez long détroit, sur le rivage duquel estoit

la prison, le Pére pria qu'on
luy laissast faire ce chemin à
pied. Aprés quoy tout le monde s'estant embarqué, on mit à
la voile; & en peu d'heures, on
se trouva à l'autre bord.

Fin du troisiéme livre.

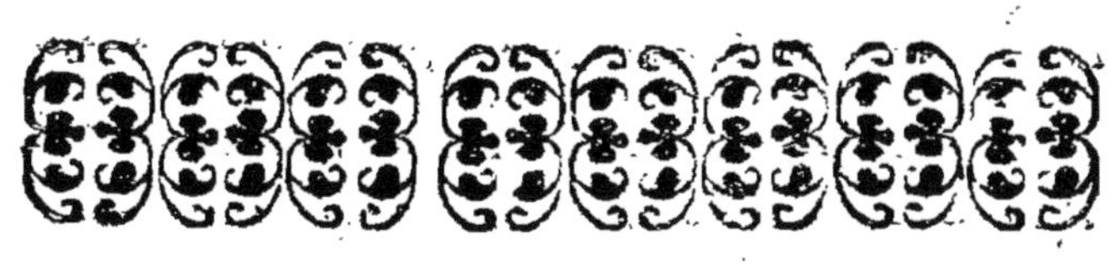

LA VIE
DU PERE CHARLES
SPINOLA
DE LA
COMPAGNIE DE JESUS.

LIVRE QVATRIEME.

LES Martyrs approchant de la p rison avertirent de leur arrivée ceux qui estoient déja dedans, par les hymnes, & les chants d'allégresse, dont ils faisoient retentir l'air. Les Prisonniers y répondirent avec les mesmes té-

Il arrive à sa prison.

M.

moignages de joye.

Dés que la porte fut ouverte, ce ne fut qu'embrassemens, & conjoüissances. Le Pére Spinola se servit en saluant ses Hostes des paroles dont Saint Clément s'estoit autrefois servi en pareille occasion : *Ce n'est pas par mes mérites que Dieu m'a envoyé icy, pour estre participant de vos couronnes.*

Cette pensée remplît son ame d'un si doux sentiment de tendresse & de reconnoissance envers Dieu, qu'écrivant depuis au Recteur du Collége de Milan, il l'asseura qu'en ce moment il avoit crû entrer dans un Paradis.

O mon Dieu, dit-il écrivant sur son emprisonnement à un autre, *par où est-ce que j'ay pû*

mériter une si extraordinaire faveur, d'estre jugé digne de souffrir cét opprobre pour le nom de
JESUS-CHRIST. O que j'estime les travaux de mes voyages
bien employez, & mes souffrances
bien récompensées, quand je n'ob-
tiendrois mesme jamais ce que je
suis venu chercher icy ! Il entendoit parler du Martyre.

En effet cette horrible prison en estoit elle-mesme un
fort grand : & qui considérera
bien ce qu'il y souffrit, com-
prendra aisément que c'estoit
sans éxaggération qu'il man-
doit à un de ses amis, que selon l'homme, le tourment du
feu luy cûst esté plus tolérable.

Sur un rocher avancé dans
la mer prés d'un lieu nommé
Suzuta, avoit esté bastie une

*Descrip-
tion de
sa pri-
son.*

M ij

eſpéce de cabane, longue de quarante palmes, & large de vingt. Une double haye y faiſoit un enclos, dans lequel on permit d'abord aux Priſonniers de ſe promener ; mais cette permiſſion ne dura pas long-temps. La cabane menaçant ruine, on fut obligé d'en refaire une autre. Je ne ſçay par quel nouvel ordre ce fut ; mais on la fit beaucoup plus étroite que la premiére n'avoit eſté. On ne luy donna que vingt-quatre palmes de longueur, & ſeize de largeur.

C'eſtoit une maniére de cage faite de pieux de bois, diſtans d'environ deux doigts les uns des autres, avec une petite porte, & une feneſtre de la grandeur d'une aſſiette, par

où on leur paſſoit à manger. Il
y avoit un eſpace de huit palmes, entre la priſon & les deux
hayes qui en faiſoient l'enclos,
leſquelles eſtoient ſi fortes & ſi
hautes, qu'elles oſtoient aux
Priſonniers la veuë du paiſa-
ge d'alentour, qui eſtoit aſſez
agréable.

Aprés que les Saints Con-
feſſeurs eûrent paſſé quelques
jours dans une autre priſon, où
ils penſérent mourir de la diſ-
ſenterie, on les ramena en celle-
cy. D'abord qu'ils l'apperçeû-
rent de loin, ils entonnérent
tous d'une voix le pſeaume qui
commence par ces mots : *Ie me
ſuis réjoüi lors qu'on m'a dit, nous
irons dans la maiſon du Seigneur.*

Le Pére Spinola en y entrant

dît aux Gardes, qu'il se réjoüis-
soit d'estre renfermé pour l'amour
de Dieu dans un lieu si étroit &
si incommode, parce qu'il espéroit,
qu'il en auroit une plus belle pla-
ce dans le Ciel; mais qu'il avoit
compassion d'eux, qui n'estant pas
dans la grace de Dieu, aprés quelques années de cette liberté dont
ils faisoient tant de cas, seroient
tourmentez sans relasche en des
supplices éternels. Aprés quoy
s'estant jetté à genoux pour
adorer la divine Providence,
qui luy avoit préparé une porte
si seure pour entrer à la gloire, il chanta avec ses Compagnons cét endroit d'un autre
pseaume. *Voicy le lieu de mon*
repos, j'y demeureray, puisque je
l'ay choisi.

Je ne puis dire tout ce que

fouffrirent en prés de quatre
ans de cette prifon ces coura-
geux Martyrs de Jesus-Christ.
Ils furent jufqu'au nombre de
trente & un ; & leur nourriture
ordinaire eftoit de deux plats de
ris noir cuit à l'eau, de quelques
racines cruës, & d'une efpéce
de jus, qu'ils appellent Xire,
tres defagréable & tres amer.
On y avoit joint un peu de
harang ; mais on le retrancha
dans la fuite, comme un mets
trop délicieux.

Le Gouverneur de Nan-
gazaqui, ayant appris la maniére dont on traitoit les Pri-
fonniers, craignant qu'ils ne
mouruffent en prifon, envoya
ordre de les mieux nourrir ;
mais cét ordre ne fut pas éxé-
cuté. On ne permettoit pas

seulement qu'on leur apportaſt rien d'ailleurs : ainſi quelque choſe qu'on leur envoyaſt, ils n'en profitérent que fort peu de temps, qu'il ſe rencontra par hazard quelques Soldats Chreſtiens parmy leurs Gardes. Le Pére Spinola ſe plaint dans une de ſes lettres que pendant ce temps-là il avoit eſté trop bien traité pour un Confeſſeur de JESUS-CHRIST, & dit qu'il ſe réjoüiſſoit que les choſes fuſſent retournées en leur premier état. Il pria meſme une perſonne qui luy envoyoit quelquefois des rafraichiſſemens, de ne luy en plus envoyer.

Le chaud en Eſté, & le froid en Hyver eſtoient également intolérables dans une cabane ainſi expoſée à toutes les ardeurs du

du Soleil, & à toutes les injures de l'air. La neige, & la pluye
y entroient de toutes parts, &
les Prisonniers ne pouvoient
s'en défendre, estant si dé-
pourveûs de vestemens, que le
Pére Spinola fut trois ans sans
changer ni d'habit, ny de che-
mise. Le froid fit mourir son
compagnon Ambroise Fer-
nandez, Religieux d'une sin-
guliére ferveur, aprés environ
treize mois de cette captivité.

On ne peut imaginer com-
bien la seule prison causoit de
tourment aux Saints Confesseurs. La puanteur y estoit horrible; le Pére Spinola disoit
qu'elle le faisoit soupirer aprés
le Ciel. Les vers les mangeoient
jour & nuit; & il est aisé de

N

comprendre, qu'il devoit y avoir une grande corruption dans un lieu, où il y avoit tant de personnes renfermées, qui à peine y avoient chaqu'une deux palmes en large pour se coucher, & d'où on ne sortoit jamais pour quelque nécessité que ce fust, non pas mesme durant les maladies, qui estoiét assez frequentes parmy eux.

Le Pére Spinola dont la compléxion estoit fort délicate, y eût des fiévres tres ardentes, & tres longues, durant lesquelles on ne pouvoit seulement obtenir des Gardes une goutte d'eau pour le rafraischir, hors des temps ordinaires du repas. De si grandes maladies le mirent souvent à l'extrémité ; il écrivit au Pére Général,

qu'il en avoit esté une fois gué-
ri par l'intercession de Saint
Charles.

Ces lettres qu'il paroist avoir
écrites avec assez de liberté à ses
Supérieurs, & à ses amis, nous
ont appris avec ses souffrances,
la vie admirable que mena cette sainte troupe dans cette prison. Ils élisoient toutes les se-
maines quelqu'un d'entre eux
pour Supérieur, afin de prési-
der au bon ordre de l'assem-
blée. Tous les matins ils commençoient la journée par une
heure de méditation. Ensuite
les Prestres disoient la Messe;
car ils avoient trouvé le moyen
d'avoir les choses nécessaires au
Sacrifice, ce qui leur fut d'une
extréme consolation durant
tout le temps de leur captivité,

La vie
qu'il me-
na dans
sa prison.

N ij

& d'un grand soutien dans leurs souffrances, comme le marque expressément le Serviteur de Dieu, dans une de ses lettres au Pére Général. Les Messes estant dites, on récitoit les petites heures de l'Office Canonial, puis le Chapelet: ensuite on faisoit la lecture de quelque bon livre jusqu'au disner. Aprés le repas on s'entretenoit de quelque discours d'édification. Les Vespres suivoient cét entretien, à l'issuë desquelles on faisoit encore d'autres lectures.

Avant le souper on disoit Matines pour le landemain, & le petit Office de Nostre Dame, à quoy on ajoustoit les jours de Feste, les Litanies de la Sainte Vierge, & l'Hymne

Ave Maris stella. Le Pére Spinola soupoit rarement ; car il jeusnoit plusieurs jours de la semaine, si l'on peut jeusner davantage, que de ne manger que ce qu'on leur donnoit. Avant de se coucher, on faisoit l'éxamen de conscience ; & cét examen estoit toûjours suivi, hormis les jours de Feste, d'une sanglante discipline, durant laquelle on récitoit trois fois le Pseaume *Miserere*. De quoy le Pére Spinola ne se contentant pas, portoit presque continuellement le cilice.

C'est aussi des lettres de ce Saint Homme, que nous avons appris ses beaux sentimens durant le temps de cette prison, & les consolations dont Dieu le combloit parmi de si rudes.

N iij

souffrances. *Enfin*, dit-il, écrivant à un Pére du Japon, *mon heure est venuë ; je connois évidemment la volonté de Dieu sur moy, & j'espére de sa bonté qu'il l'accomplira, ne permettant pas que je sorte de cette prison, que pour aller au Ciel. C'est ce qui me comble de consolation, quand je pense à un si grand bonheur, attendant continuellement l'heure bienheureuse de mon départ. Fasse le Ciel, que je ne sorte point d'icy que pour mourir, ou pour prescher l'Evangile. O, mon Pére, que Dieu m'a libéralement récompensé de tous mes travaux par la seule grace qu'il m'a faite d'estre mis en prison pour l'amour de luy ! O, mon Pére, qu'il est doux & délicieux de souffrir pour* JESUS-CHRIST ! *Je ne l'avois jamais si bien senti*, *que depuis ma prison.*

Il parle à peu prés de la mesme maniére écrivant au Recteur de Nangazaqui, qui luy avoit mandé qu'on disoit qu'il seroit condamné à la mort. *Les bonnes nouvelles que vous me donnez, m'ont causé une extréme joye; mais celles dont un homme de mérite m'a fait part, & qu'il dit avoir apprises de Gonroc mesme, sont encore beaucoup meilleures, sçavoir qu'au mois d'Octobre prochain nous devons tous estre bruslez. Dieu veille que ces nouvelles soient vrayes! O, mon cher Pére, que mon bonheur sera grand, si je puis estre une fois lié à un poteau, & brûlé pour l'amour de* JESUS-CHRIST. *Ie sçay bien que je suis indigne d'une si grande faveur; mais je*

sçay bien aussi que la miséricorde
de Dieu est grande. Si le bruit qui
court n'est pas un faux bruit, je
vous embrasse de tout mon cœur,
jusqu'à ce que nous nous revoyions
dans le Ciel.

Je ne puis omettre la belle
lettre, ou plûtost la belle exhortation qu'il écrivit à Maximi-
lien Spinola son cousin qui
avoit hérité du Comté de Tassarole, dans laquelle aprés luy
avoir appris l'estat où il estoit
dans sa prison, & ce qu'il y
souffroit, il luy parle en ces
termes.

Au commencement on disoit
qu'on nous envoyeroit en éxil, ou
à la Chine, ou aux Philippines ;
mais depuis qu'on nous a basti une
nouvelle prison, on dit qu'on nous
y laissera mourir lentement des

miséres que nous y endurons, par
ce qu'on voit bien que nous avons
de l'impatience de signer nostre
Foy de nostre sang. Qui sçait néanmoins si quand le Roy sçaura
que nous nous estimons heureux
dans cette prison, & que l'ardeur
que nous y faisons paroistre en-
flamme tout le Iapon, il ne fera
pas haster nostre mort.

Pour moy, j'ay une joye extréme de voir enfin mes désirs
accomplis, & d'avoir trouvé ce
que je suis venu chercher si loin.
C'est une chose que j'estime plus
que toutes les dignitez du monde;
& ce n'est pas sans raison, puis
que Saint Paul préféroit la qualité de Captif pour JESUS-
CHRIST, à celle d'Apostre
mesme.

Ce qui me fait rougir de honte,

c'est que je sçay bien que je n'ay
point mérité cette faveur ; & j'admire comment Dieu m'a choisi,
pour me la faire, parmy tant de
Saints Personnages, qui ont cultivé cette vigne avec de si extraordinaires travaux. Saint Paul me
console, quand il dit que ce n'est
pas à celuy qui court, que Dieu
donne ces sortes de graces, mais à
celuy à qui il fait miséricorde. En
effet nous voyons que la couronne
du Martyre a souvent esté refusée
à des personnes d'une haute sainteté, & accordée à des hommes
tres méchants, pour nous apprendre que c'est une grace du Ciel,
non un effet de nos mérites.

Ie vous ay voulu écrire ces choses, & par vous à tous mes autres
parens, afin que vous vous ré-
joüissiez d'avoir un parent Captif

pour JESUS-CHRIT. La cause
de ma captivité est, que je n'ay
pas voulu sortir du Iapon, comme
l'édit de l'Empereur l'ordonnoit à
tous les Religieux ; & qu'y estant
demeuré, du consentement de mes
Supérieurs, j'ay continué à cultiver les Chrestiens, & à convertir
les Idolâtres. C'est dequoy mes
proches doivent rendre graces à
Dieu, & ce qui les doit porter à
faire offrir des Sacrifices, afin que
je ne sorte d'icy, si j'en dois
sortir vivant, que pour aller à la
croix, ou au buscher. C'est aussi ce
qui leur doit faire estimer ma prison plus que toutes les charges,
toute la noblesse, & tous les biens
de fortune qui sont dans la famille, lesquels peuvent beaucoup
nuire au salut, s'ils ne sont accompagnez de l'observance de la Loy

divine, d'une extréme probité,& d'une grande charité envers les pauvres.

Ie vous conjure tous , mes chers Parens , de faire souvent réfléxion sur l'inconstance de cette vie , & sur l'incertitude de la mort, qui vous dépouillera de tous les biens de ce monde , lors que vous y penserez le moins , & qui ne vous laissera rien emporter que vos ver- tus. C'est cette pensée , qui avec la grace divine a obligé tant de personnes à renoncer aux richesses, aux dignitez , mesme aux Royau- mes , & aux Empires , pour se re- tirer dans les solitudes , afin d'y vivre austérement , & ne s'occuper qu'à méditer la vie , & la Passion de JESUS-CHRIST , en imi- tant sa pauvreté , & l'humilité de de sa Croix.

O si vous aviez gousté les délices dont Dieu remplit l'ame
de ceux qui le servent, & qui
souffrent pour luy ! vous seriez
convaincus combien trompeurs sont
les plaisirs que promet le monde :
je dis, qu'il promet, & non pas
qu'il donne, puis que ceux qu'il
donne, ne remplissent pas la capacité de nostre ame, qui ne peut
estre remplie que de Dieu seul.

Pour moy, qui commence à estre
disciple de JESUS-CHRIST,
depuis que je suis pour l'amour de
luy dans une prison où je souffre
beaucoup, je vous assure que dans
les temps mesme, où je me suis
senti défaillir par la faim, je me
suis aussi senti soutenu par de si so-
lides consolations, que je me tiens
bien récompensé par cela seul, de
tout ce que j'ay pû faire pour le

service de Dieu ; & que quand je devrois encore passer plusieurs années dans ma prison, ce temps me paroistroit court ; tant est grand le désir que j'ay de souffrir pour l'amour de celuy, qui récompense si bien nos travaux, & qui sçait nous faire trouver de la douceur jusques dans nos plus rudes souffrances. Le premier motif toutefois que nous devons avoir de le servir, doit estre luy-mesme, puis qu'il est la source de toute bonté, & qu'il est digne que mesme sans recompense on se consacre entiérement à luy.

Parmy les maladies que j'ay eû dans ma prison, j'ay eû une fiévre continuë de cent jours, destitué de toute sorte de remèdes, & de nourriture. De manière que tout le monde croyoit que j'en al-

lois estre emporté, & je le croyois
bien moy-mesme. Durant tout ce
temps-là mon cœur estoit si plein
de joye, qu'il me paroissoit trop
étroit pour la contenir : je n'en
avois jamais senti une pareille ;
elle me faisoit tressaillir, & je
m'imaginois estre aux portes du
Paradis. Si Dieu adoucit ainsi
sur la terre les afflictions de ses
serviteurs, quelles consolations,
& quelles delices ne leur fera-
t'il point gouster dans le Ciel,
qui est le lieu de la récompense.

Servons donc, mes chers Parens, servons bien un Seigneur si
bon, & si miséricordieux. Il ne
nous doit pas estre difficile de mo-
dérer nos passions, ou de mortifier
nostre corps ; puisque nous sommes certains, que si nous souffrons
icy avec Jesus-Christ,

nous regnerons éternellement avec luy dans le Ciel, où personne n'arrive sans souffrir.

Je me recommande au Seigneur Ferdinand Spinola, au Seigneur Alexandre, & aux Filles du feu Seigneur Fabrice, & à tous mes autres Parens : je leur dis adieu, & à ma patrie ; car je me sens si affoibli, que je doute si je vivray assez long-temps pour trouver encore une fois l'occasion de leur écrire. Ie me souviens tous les jours d'eux à l'autel, & dans mes priéres ; & ils peuvent s'assurer que je ne les oublieray pas dans la céleste Iérusalem, si Dieu me fait la grace de m'y donner entrée. Adieu encore une fois, adieu, jusqu'à ce que nous nous revoyions dans le Ciel. De ma prison d'Omura le vingt-huitiéme

de

CHARLES emprisonné
pour la foy de Jesus-Christ.

Parmi tant d'autres beaux sentimens qui paroissent dans toutes ces lettres, on y voit un grand désir du martyre, qui estoit en effet si ardent, que quand le bruit couroit dans le monde, comme on le fit courir plusieurs fois, qu'on ne le feroit point mourir, il prioit qu'on ne luy dist point de si méchantes nouvelles. Il disoit une Messe pour tous ceux qui luy en mandoient de contraires, se recommandant continuellement aux priéres de ses amis pour obtenir cette grace, dont

O

il difoit qu'il craignoit beaucoup que fes péchez ne le ren-
diffent enfin indigne.

Ce défir néanmoins ne l'em-
pefchoit pas de tenir fon cœur
dans une grande conformité à
la volonté de Dieu. Ce qui parut dans fes maladies , où fe
croyant fouvent prés de la
mort , il la recevoit avec joye,
défirant comme Saint Paul
d'eftre délié , & d'aller voir
Jesus-Christ. Dans une de
fes lettres au Pére Général, il
dit qu'eftant un jour abandon-
né , il ne fe fentoit pas de joye
en penfant feulement que le
Seigneur eftoit à la porte qui
l'attendoit.

Il difoit qu'il avoit impatience de mourir pour n'eftre plus
dans les occafions d'offenfer.

Dieu : mais il en revenoit toûjours à vouloir ce que Dieu
vouloit, & à se conformer à son
bon plaisir. *Vous vous trompez,*
dit-il dans une de ses lettres à
un Pere, qui luy avoit mandé
qu'il eûst voulu estre prisonnier
en sa compagnie, *Vous avez trop
bonne opinion de moy : Ie ne suis
qu'un misérable pécheur. Ce n'est
pas faute de grace ; Dieu m'en
donne une grande abondance :
mais c'est que je n'en profite pas
comme je devrois, & que j'em-
ploye mal le temps qu'il me donne pour me préparer à la mort.
Ie ne connois rien de bon en moy,
qu'un grand désir de souffrir beaucoup pour luy, & une parfaite
conformité à toutes ses volontez,
estant tout prest de demeurer cent
ans dans la prison où je suis ;*

O ij

ou d'aller en exil hors du Iapon. L'unique chose, qui m'afflige, est de voir durer si long-temps une vie dans laquelle j'offense tant Dieu. Ie souhaite la mort pour cesser de pécher; & je me promets que par vos priéres, & celles de nos autres Péres, j'obtiendray le buscher ou la croix.

Le Pére Spinola vivoit ainsi dans sa prison d'Omura lorsque des Pirates de Hollande & d'Angleterre, ayant pris un vaisseau Japonois qui revenoit des Philippines, y trouvérent deux Religieux déguisez, dont l'un estoit de l'Ordre de Saint Dominique, & se nommoit Loüis Florés, l'autre de l'Ordre de Saint Augustin, & avoit nom Pierre de Zugniga. Ces hérétiques voulant faire leur cour auprés de l'Empereur du Japon, déférérent ces deux Religieux au Gouverneur de Nangazaqui.

Ces Péres eûſſent bien voulu pouvoir avoüer leur profeſſion : mais en eſtant empeſchez par l'intereſt du Capitaine du vaiſſeau, qui eſtoit Chreſtien, & qui ne pouvoit éviter le ſupplice, ſi on trouvoit qu'il ſe fuſt chargé d'amener des Preſtres dans le Royaume, contre les édits du Prince, ils furent obligez de retenir leur zéle, & de s'abſtenir de dire qui ils eſtoient. Les Hérétiques n'avoient pas aſſez de preuves pour les convaincre; & le Gouverneur meſme qui ne prenoit pas plaiſir qu'on mandaſt à la Cour qu'il eſtoit arrivé deux

Religieux dans son gouvernement, prenant leur parti en cette rencontre, soutint qu'ils ne
l'estoient pas, & l'écrivit mesme à l'Empereur. Néanmoins
les Hollandois , qui ne vouloient pas passer pour des Pirates , & pour ennemis des
Japonois, sur lesquels ils avoient
pris le vaisseau, soutenant fortement que ces deux hommes
estoient Espagnols, Prestres, &
Religieux, envoyez au Japon
sous prétexte de prescher la
Foy, mais en effet pour remarquer par où on pourroit attaquer l'Isle, il fallut procéder à
un jugement dans les formes.
Pour vuider ce différent on pro-
posa de faire venir quelques-
uns des Prisonniers d'Omura,
pour voir s'ils ne connoistroient

point les deux étrangers. Cét
expédient ayant esté trouvé
bon, & le Gouverneur ne l'o-
sant refuser, on envoya à Omura demander trois de ces Prisonniers, pour les faire venir
à Firande, où l'affaire se devoit
juger.

Le Pére Spinola fut de ce
nombre, avec le Pére François
Moralez de l'Ordre de Saint
Dominique, & le Pére Pierre
d'Avila de l'Ordre de Saint
François, qui firent tous trois
ce voyage avec de grandes incommoditez, estant à demi
nuds, quoy que ce fust durant
l'hyver.

Aussi-tost qu'ils furent arrivez, le Gouverneur les fit paroistre devant luy, en présence
de plusieurs Japonois, de quel-

ques Portugais, des Anglois
& des Hollandois, qui estoient
interessez dans la cause. On
leur présenta les deux Religieux, & on demanda d'abord
au Pére Spinola s'il ne les
connoissoit pas. A quoy le Pére
ayant répondu qu'il y avoit
long-temps qu'il demeuroit au
Japon, & qu'il ne les avoit jamais veûs, un Renégat nommé Feizo, Lieutenant du Gouverneur de Nangazaqui dît
d'un ton insultant : *Se peut-il
faire qu'un Religieux, ou un Prestre nie ce qu'il est ?* Le Pére qui
s'apperceût que cét homme
parloit de la sorte, parce qu'il
ne mettoit point de différence
entre un Prestre & un Chrestien, luy répondit en peu de
mots : *qu'il pouvoit arriver quelquefois*

quefois qu'un homme fuſt obligé
de confeſſer qu'il eſtoit Chreſtien,
ſans eſtre obligé pour cela d'avoüer
qu'il fuſt Preſtre, ou Religieux. Un
Anglois qui eſtoit préſent, prenant fiérement la parole, *Il eſt*
vray, dit-il, *c'eſt ainſi que l'on*
en uſe en Angleterre, où ceux
qui ſont Preſtres le nient, pour
éviter le ſupplice. A quoy le Pére repliqua d'un air qui impo-
ſa ſilence à l'Hérétique : *Ce*
que vous dites là n'eſt pas : j'ay
eſté pris ſur mer par un Anglois,
& quoy que je ſceûſſe bien la haine
que les Hérétiques ont contre
nous, je n'ay pas laiſſé de luy
avoüer que j'eſtois & Preſtre
& Ieſuite ; & je ſçay de plus que
pluſieurs de la Compagnie en ont
uſé de la ſorte en Angleterre.
Vous ſçavez vous-meſme, Sei-

P

gneur, par voſtre propre expérien-
ce , dit-il en ſe tournant vers le
Gouverneur , *comment nous en*
uſons là-deſſus : & *ce témoignage*
vaut mieux que celuy de la perſon-
ne qui vous parle. Cette conte-
ſtation finie, on interrogea les
deux autres, dont les intéreſſez
n'ayant pû tirer une réponſe
qui les contentaſt , on les renvoya tous trois.

Lors qu'ils ſortoient de l'au-
dience , le Pére Spinola pria
Féizo de le vouloir écouter un
moment. Féizo qui voyoit bien
dequoy il luy vouloit parler,
luy dît qu'il eſtoit preſſé ; ce qui
fit que le Pére ne luy pût dire
que quelques mots en paſſant,
pour le faire ſouvenir du temps,
que déteſtant l'Idolâtrie il eſtoit
luy - meſme Chreſtien ; pour

l'exhorter à la pénitence, &
luy répréfenter la colére de
Dieu ; enfin pour le prier de ne
plus perfécuter, comme il faifoit, une Religion qu'il avoit
fuivie. Féizo ne répondit rien
à cela, & s'eftant retiré tout
honteux, ne parut plus devant
le Pére.

Alors Loüis de Figuérédo
homme confidérable parmi les
Portugais, qui avoit efté au
devant des Saints Confeffeurs,
& s'eftoit jetté à leurs pieds
pour baifer leurs chaifnes, demanda permiffion à Gonroc de
leur donner à manger chez luy,
de les veftir, & d'envoyer à la
prifon d'Omura les chofes dont
ceux qui y eftoient avoient
befoin. Gonroc qui avoit efté
touché des miféres de ces Pri-

sonniers à la veûe des trois qu'il
venoit de voir, permit à Figuérédo tout ce qu'il voulut. Les
Portugais firent effort pour ne
laisser manquer de rien des personnes si dignes de leur charité :
mais Féizo leur fit défense de
leur envoyer autre chose que
des habits ; & quoy que Figuérédo se jettast à ses genoux pour
le prier de le laisser faire, il ne
pût fléchir ce cœur barbare ; de
sorte qu'il ne pût charger d'autre chose les trois Péres qu'on
renvoya sur le champ à Omura,
que de ce que Féizo avoit permis.

La contestation ne pût se
terminer, sans qu'on trouvast
des présomptions suffisantes,
pour perdre le Capitaine Japonois qui avoit amené lesdeux

Religieux, & ce fut ce qui leur
fit prendre le parti d'avoüer
enfin qui ils estoient. Le Pére
Spinola mesme, & ses deux
compagnons le leur ayant ainsi
conseillé, afin d'oster aux Fidelles du Japon le scandale
qu'ils commençoient à prendre,
d'une conduite qui ne leur paroissoit pas assez courageuse,
& d'oster aux Idolâtres un ridi-
cule ombrage que les Hérétiques leur avoient donné, en
leur faisant accroire que Zugniga qui estoit Castillan de
nation, estoit un fils naturel du
Roy d'Espagne, que ce Prince
faisoit passer dans leur pays,
pour y éxécuter ses desseins.

Cét aveu, qui faisoit à Gonroc une facheuse affaire auprés
de l'Empereur, luy donna un

P iij

extréme chagrin contre les Chrestiens. Mais il fut encore bien plus irrité, lors qu'estant allé à la Cour rendre compte de ce qui venoit de se passer, il trouva l'Empereur fort en colére, & de la hardiesse de ces Religieux, & encore beaucoup plus de celle qu'il apprit presque en mesme temps que quelqu'un avoit eû à Firande, de faire échaper un de ces Péres de la prison où on l'avoit mis. Ce fut alors, que tout furieux il dît en s'adressant à ce Gouverneur : *Tout cecy arrive par vostre faute ; si j'avois donné à un autre la charge, que je vous ay confiée, le Iapon seroit maintenant délivré de tous ces Bonzes étrangers, qui viennent troubler mon Empire par la pré-*

dication d'une loy si contraire à
toutes nos sectes. C'est parce que
vous n'avez pas soin de veiller
sur les vaisseaux qui abordent dans
vos ports, qu'il y arrive tous les
jours de ces Prestres. Retournez
donc à Nangazaqui, & faites
brusler tous vifs les deux Religieux
qui y sont arrivez depuis peu,
avec le Capitaine qui les a ame-
nez. Faites mourir par le mesme
supplice tout ce que vous trouverez
de ces Prestres, & de ces Religieux, soit Européans, soit Iaponois. N'épargnez ni leurs Hostes,
ni les Femmes de leurs Hostes, ni
mesme leurs Enfans, de quelque
âge qu'ils soient, non plus que les
Chrestiens qui habitent les maisons voisines des leurs. Ie veux
outre cela que les Femmes & les
Enfans de ceux qu'on a fait mourir

P iiij

depuis trois ans pour la Religion Chreſtienne, ou qui ſont encore maintenant dans les priſons pour la meſme cauſe, ſoient pareillement mis à mort. Pour vous, faites tous vos efforts pour découvrir les Religieux qui ſont encore cachez dans le Iapon, & prenez garde qu'il n'y en entre d'autres : car s'il arrive quelque trouble dans l'Eſtat par voſtre faute, voſtre teſte m'en répondra.

Il eſt cõdaniné à mort.

Des ordres ſi précis, & ſi forts n'avoient garde de manquer d'eſtre éxécutez avec toute la ſévérité que demandoit le Tyran. Gonroc ne fut pas plutoſt de retour à Nangazaqui, qu'il fit bruſler le Pére Florez & le Pére Zugniga, le Capitaine qui les avoit menez, & douze Matelots Chreſtiens,

qui souffrirent tous la mort
avec une constance admirable.

Le bruit de cette éxécution,
fut bien-tost porté à Omura a-
vec l'édit de l'Empereur, & causa une extréme joye aux Saints
Confesseurs. Car quoy qu'ils
ne fussent pas condamnez en
propre personne, ils jugérent
néanmoins bien qu'ils seroient
compris dans la sentence géné-
rale; & bien tost aprés un Officier du Gouverneur d'Omura
estant venu dans la prison, pour
prendre leurs noms, & sçavoir
combien ils estoient, ne leur
laissa plus lieu d'en douter.

Le Pére Spinola se préparant
donc dés lors à recevoir la
couronne du Martyre, fit part
de cette bonne nouvelle à ses
amis, & leur écrivit en leur

difant adieu , des lettres femblables à celles que j'ay déja
rapportées , les rempliffant des
fentimens de reconnoiffance,
qu'il avoit de la grace que luy
faifoit Noftre Seigneur, & les
fignant toutes avec cette fouf-
cription: CHARLES *condamné à
mort pour* JESUS-CHRIST.

Un paquet de ces lettres eftoit
pour quelques-uns de fes amis
Japonois : mais ne trouvant pas
à qui le confier, il le ferra, & ne
le donna, qu'en approchant du
lieu du fupplice , à un de fes
amis , qui eût l'adreffe de le
prendre fans qu'on s'en apper-
ceûft.

Un autre de ces paquets s'a-
dreffoit au Provincial du Japon, auquel il envoyoit en mefme temps deux petits Reliquai-

res qui luy estoient restez : l'un,
où il y avoit un morceau du
sac dont Saint Ignace s'estoit
revestu au commencement de
sa conversion, & dont il disoit
que Dieu s'estoit servi pour
faire beaucoup de miracles :
l'autre, où il y avoit des Reli-
ques du B. Loüis de Gonza-
gue, qui luy avoient esté en-
voyées par le Pére Général, &
dans lequel il avoit inséré des
cheveux d'Ambroise Fernandez, qu'il révéroit comme un
Martyr.

A peine eût-il le temps d'a-
chever ses lettres, que le Gouverneur d'Omura, qui avoit receû ordre de Gonroc de faire
conduire les Captifs à Nangazaqui, envoya à la prison des
Officiers, & des Soldats pour

l'éxécuter. Alors les Saints Confeſſeurs ne doutérent plus que
leur arreſt ne fuſt pronõcé. Leur
joye redoubla à la veûe de ces
Satellites ; & ils lat émoigné-
rent par les Cantiques qu'ils
chantérent en quittant leur priſon. Il n'y en eût néanmoins
que vingt-quatre qui en ſortirent ce jour-là, partie de l'Ordre de Saint François, partie de
celuy de S. Dominique, & partie de la Compagnie, deſquels
il n'y en avoit que deux qui fuſſent Preſtre; le P. Spinola, &
le P. Kimura ; les ſept autres
eſtoient des Novices, que le
Pére Spinola avoit receû dans
la priſon, & auſquels il fit faire les vœux en ſortant ſelon
le pouvoir que luy en avoit
donné le Pére Provincial. Les

huit autres Prisonniers, qui n'avoient pas esté pris dans le Gouvernement de Nangaza-qui, furent braslez à Omura.

Ces saintes troupes s'estant dit adieu avec des larmes de joye, ceux qui suivoient le Pére Spinola, entrérent dans un vaisseau qui les porta en peu d'heures à Nangaïa, où estant montez à cheval, ils commencérent une espéce de marche, qu'on peut dire avoir esté le plus-auguste triomphe de la Religion Chrestienne dans le Japon. Un Officier marchoit à leur teste, accompagné d'un grand nombre de Gardes armez de lances, & de mousquets. Le Pére Spinola paroissoit ensuite, comme digne chef de cette illustre troupe, & es-

Il sort de sa prison pour estre conduit au supplice.

toit suivi de tous les autres, sans distinction d'ordre, ni de rang, selon que le hazard les avoit placez. Chaqu'un avoit son Bourreau à ses costez, qui tenoit en main le bout d'une corde attachée au cou du Prisonnier. Trois autres Officiers avec leurs Gardes fermoient la marche, & empeschoient qu'on n'approchast des Martyrs pour leur parler ; rigeur qu'on leur avoit tenuë depuis Omura jusques là, n'ayant parlé à personne que dans le vaisseau, où on ne les avoit pû empescher d'exhorter ceux dont ils s'estoient pû faire entendre. Estant néanmoins arrivez à Uracam, où on avoit ordre de les faire coucher, pour les conduire le landemain droit au lieu destiné à leur supplice, distant d'environ une lieuë de là, on permit à trois Japonois, dont l'un estoit parent d'une Dame Chrestienne considérable à Omura, d'entrer dans la chambre, où on les avoit mis tous ensemble.

Un de ceux là estoit le Catéchiste du Pére Spinola, dont nous avons parlé, qui luy venoit demander sa bénédiction. Ce fut de ce Catéchiste qu'il apprit positivement qu'il estoit condamné à estre bruslé tout vif. Le Pére n'ayant plus rien sur luy qui fust propre à faire un présent, ne pût luy donner que la discipline dont il s'estoit servi durant sa prison, & son chapelet pour une Dame Chrestienne, à laquelle il voulut envoyer quelque marque de ſon ſouvenir.

Aprés cela il ne penſa plus qu'a honorer le jour de ſon Martyre, par des témoignages extraordinaires de réjoüiſſance & d'allégreſſe. Il demanda permiſſion d'aller au ſupplice avec le Pére Kimura reveſtus tous deux de ſurpelis, de faire donner des robes neuves à tous ſes autres compagnons, & de marcher ainſi en cérémonie, précédés d'une eſpéce d'étendart, qu'il avoit mandé par ſon Catéchiſte aux Péres de Nangazaqui de luy faire faire, avec un nom de Jesus au milieu : mais on ne luy voulut rien permettre de tout cela.

On fit diſner les Priſonniers à l'ordinaire ; puis les ayant fait

remonter

remonter à cheval , on les fit remettre dans le mesme ordre qu'ils estoient le jour précédent, & on les mena au lieu du supplice. Il y eût un si grand concours de peuple sur tout le chemin par où ils devoient passer, que sans parler des Idolâtres, ceux qui connoissoient les Chrestiens , en contérent plus de trente mille „ dont la plupart venoient les larmes aux yeux demander la bénédiction à leurs Pasteurs, & se recommander à leurs priéres.

Quelque joye qu'eûssent les Saints Martyrs de se voir si proche de la couronne , ce spectacle les toucha. Ils ne purent entendre les gémissemens de leur troupeau desolé sans s'attendrir sur les maux dont ils le

Q

voyoient menacé : ils le con-
foloient néanmoins autant qu'il
leur eftoit poffible, & difoient
en paffant à ceux dont ils fe
pouvoiët faire entendre, *Qu'ils
ne devoient pas douter que dans
le Ciel, où ils efpéroient eftre
bientoft, ils n'euffent le mefme
foin d'eux qu'ils avoient eû fur
la terre ; qu'ils confervaffent feulement la Foy, & qu'ils efpéraffent
de la bonté de Dieu, qu'il n'aban-
donneroit pas une caufe, qui eftoit
la fienne, auffi bien que la leur.*

Il arrive au lieu du fup-plice.

Pendant que les Martyrs parloient ainfi, on approchoit du
lieu du fupplice. C'eftoit une
petite éminence fur le bord de
la mer à la veûe de Nangazaqui, déja en vénération parmi
les Chreftiens, pour avoir efté
arrofée quelques années aupa-

ravant du sang des Bien-heureux Jean de Goto, Paul Mi-
chi, Jacques Kisaï, & de leurs
compagnons. Cette éminence
qui depuis ce temps-là a esté ap-
pellée la Sainte Montagne, est
un lieu que la Providence semble avoir destiné à ces specta-
cles. C'est une espéce de Pé-
ninsule, toute entourée de la
mer, hormis du costé d'un
grand chemin qui la sépare
d'une autre montagne, laquel-
s'élevant insensiblement à l'op-
posite, fait un amphithéatre naturel, capable de contenir une
grande multitude de specta-
teurs. Ceux qui n'y purent tenir ce jour-là, parce que le
nombre en fut prodigieux, prirent des barques pour voir de la
mer.

Q ij

Dés que les Martyrs apper-
ceûrent le lieu de leur Sacrifice,
ils le regardérent comme le
champ de leur victoire, & le fa-
luérent profondément. Mais
quelque impatience qu'ils eûffent d'y monter, pour y cueillir
la précieufe palme où ils tou-
choient déja de la main, il leur
fallut attendre prés d'une heure une autre troupe de trente
Martyrs, qu'on devoit amener
de Nangazaqui.

Auffi-toft qu'ils furent arrivez, une partie des Gardes fe
rangea fur le rivage, les autres
occupérent le pied de la montagne, pour empefcher que le
peuple n'en approchaft. Sur le
fommet de l'éminence, dans la
partie la plus avancée dans la
mer, paroiffoit fur une maniére

de tribunal richement couvert
de tapis de la Chine, un Officier de Justice nommé Xu-
quendaï, qui présidoit de la
part de Gonroc à cette sanglante action. D'un costé estoient les Martyrs qui devoient
avoir la teste tranchée, de l'autre ceux qui estoient condamnez à estre bruslez à petit feu,
du nombre desquels furent
tous les Jésuites de la troupe
du Pére Spinola, à la réserve
de Jean Ciungo, qui faute de
poteau, eût la teste tranchée.
Ces poteaux au nombre de
vingt-cinq rangez en haye sur
une mesme ligne, furent distri-
buez à autant de personnes, qui
y furent liées debout, mais lé-
gérement, afin que si la douleur obligeoit quelqu'un à re-

nier la Foy, il puſt aiſément ſe ſauver. Le Pére Spinola ſe jetta à genoux d'abord qu'on luy préſenta le ſien, & l'embraſſa tres tendrement, rendant graces à Dieu d'un ſi grand bienfait.

Les choſes eſtant ainſi diſpoſées, les deux troupes de Confeſſeurs ſe trouvant en préſence l'une de l'autre, le Pére Spinola entonna le Pſeaume, *Laudate Dominum omnes gentes*, que tous les autres achevérent d'un air ſi pénétré de joye, & paroiſſant ſi convaincus de ce qu'ils chantoient, *Que c'eſtoit alors que le Seigneur avoit confirmé ſa miſéricorde ſur eux*, que les aſſiſtans en furent touchez, & ne purent tenir leurs larmes. Quelques-uns meſme ont dit que ce chant

avoit eû quelque chofe d'extraordinaire. Gonzale Montéro
qui eftoit préfent, a affuré juri-
diquement depuis, en des informations qu'on fit faire à Manille, que quoy qu'il eûft oüi
bien des concerts en fa vie, il
n'en avoit jamais oüi un fi a-
gréable, ni chanté fi harmo-
nieufement que celuy-là. Plufieurs crurent que les Anges
avoient meflé leurs voix à celles
des Martyrs, ne paroiffant pas
poffible qu'une multitude con-
fufe de tant de fortes de gens
affemblez au hazard, eûffent pû
faire une fi douce harmonie.

Aprés que le Pfeaume fut
chanté, le Pére Spinola fe trouvant le plus prés du Tribunal,
fe tourna vers l'Officier, & luy
parla en ces termes. *Vous pou-*

vez maintenant juger , luy dit-il,
par la joye qui paroist sur nos vi-
sages à la veüe des tourmens que
vous nous préparez , si les Religieux d'Europe viennent au Iapon
pour s'emparer du Royaume , ou
bien pour vous ouvrir la porte du
Ciel , où on ne peut entrer sans
estre Chrestien. Le Christianisme
nous oste le désir des richesses &
des dignitez , & nous en inspire
le mépris. Nous ne cherchons que
vostre salut qui consiste dans la
connoissance du vray Dieu , &
dans l'observance de sa loy que
nous vous sommes venus enseigner.
Nous nous estimons bien-heureux
de mourir d'une si belle mort , es-
pérant une récompense éternelle du
léger supplice que nous allons endu-
rer. Mais vous estes bien miséra-
bles vous autres , qui marchez
dans

dans le chemin de l'Enfer. Au-
reste ne vous imaginez pas effrayer
par nostre mort les Prédicateurs
de l'Evangile, & les détourner
de venir au Iapon : c'est ce qui
les y attirera. Des cendres
d'un seul il en naistra cent autres, qui héritiers de nostre courage, s'estimeront heureux de
verser leur sang pour celuy qui nous
l'inspire.

Ayant fini de parler au Tyran, il adressa la parole aux
Portugais qui estoient présens
à ce spectacle ; & leur fit dans
le peu de temps qu'il en eût,
une exhortation si touchante,
qu'un des plus apparens d'entre eux prit la résolution de
quitter le monde, & d'entrer
dans la Compagnie.

On commença l'éxécution

Merveil-
leuse cé-

R

Naiſſance
d'un en-
fant de
quatre
ans.

par ceux à qui on trancha la teſte. Les Bourreaux avoient déja tiré leurs épées, & les Martyrs eſtoient à genoux pour recevoir le coup, lors qu'une jeune Femme de cette troupe leva la voix pour dire adieu au Pére Spinola. C'eſtoit Iſabelle Fernandez veuve de Domini-que Georges, chez qui le Pére avoit eſté pris, & qui avoit dé-ja conſommé ſon Martyre il y avoit environ deux ans. Iſabel-le avoit eſté réſervée juſques là, avec un petit Enfant qu'elle a-voit, autrefois baptiſé par le Pére Spinola, & nommé Jgna-ce, parce qu'il eſtoit né le jour de la feſte de ce Saint, & que ſes parens l'avoient conſacré à Dieu dés le moment de ſa naiſ-ſance, pour le ſervir dans la Compagnie

Il semble que cét enfant n'estoit né que pour le Martyre. Depuis la mort de son Pére il n'avoit autre chose dans l'esprit, & sembloit se faire un plaisir d'y penser. Il en avoit des songes la nuit; & à peine pût-il parler, qu'il disoit à tout moment qu'il seroit Martyr. S'il voyoit une épée, il disoit que c'estoit un instrument qui luy trancheroit la teste : s'il donnoit quelque chose à quelqu'un, il luy disoit de la bien garder, parce que ce seroit un jour une Relique. Une fois en parlant à sa mére, il luy avoit dit qu'ils seroient tous deux Martyrs, disant en mesme temps à une Sœur qu'il avoit, que pour elle, elle ne le seroit pas. Le tout arriva, comme il l'avoit prédit, car il eſtoit de cette troupe : mais comme ſa petiteſſe avoit empeſché que le Pére Spinola ne le démeſ-laſt, le Saint Homme en eût de l'inquiétude, & craignit qu'on ne l'eûſt caché, faſché qu'on luy oſtaſt une ſi belle oc-caſion d'honorer Jesus-Christ par ſon ſang innocent.

Dans cette penſée, il n'eût pas plûtoſt apperceû la Mére, qu'il luy demanda où eſtoit ſon Fils. *Où eſt mon Ignace ? dit-il, qu'en a-t-on fait ? Le voicy,* ré-pondit Iſabelle, *en l'élevant par deſſous les bras, je l'ay a-mené avec moy, pour l'offrir à celuy qui me l'a donné. C'eſt la plus précieuſe partie de mon ſacrifice, & c'eſt pour cela que je l'immole d'autant plus volontiers.*

Puis adreſſant la parole à l'Enfant, & luy montrant le Saint
Martyr, *Voilà, mon Fils,* luy dît-
elle, *voſtre vray Pére, c'eſt luy
qui vous a engendré à* JESUS-
CHRIST; *dites luy adieu.* Ce
pauvre Enfant tendant les bras,
demanda la bénédiction au Pére, qui ravi de le voir, luy té-
moigna autant qu'il pût, du geſ-
te & de la voix, n'ayant pas
les mains libres, qu'il la luy
donnoit de tout ſon cœur.

Ce fut un ſpectacle qui atten-
drît tout le monde, de voir la
conſtance de la Mére, & l'aſſu-
rance de l'Enfant. Il n'avoit
encore que quatre ans, beau
comme un Ange, & ſa Mére
l'avoit habillé ce jour-là avec
une propreté extraordinaire.
Durant tout ce préparatif, on

l'avoit veû se promener dans cét espace où estoient renfermez les Saints Confesseurs: mais cette admiration redoubla, lors qu'on le vît regarder intrépidement les testes des Martyrs, qui tombóient à ses pieds, ne changeant pas mesme de couleur, lors qu'il vît celle de sa Mére, & recevant enfin avec une égale constance le coup, qui de cette innocente victime fit un sacrifice si agréable à l'Agneau.

Durant cette prémiére éxécution, le Pére Spinola donna encore l'absolution à une Femme nommée Lucie de Fréitez, qui avoit souvent désiré de se trouver au supplice à costé d'un Prestre, & qui s'estoit heureusement rencontrée estre la plus proche du Saint Homme.

Cependant les Bourreaux se préparoient à mettre le feu au buscher qui environnoit cette seconde troupe, large d'environ vingt-cinq palmes, & disposé de telle maniére, que le feu ne pouvoit arriver à eux que peu-à-peu, & tres lentement, afin que leur tourment fust plus long. On avoit élevé vis-à-vis d'eux toutes les testes qu'on venoit de couper, pour leur donner de la terreur : mais ce spectacle n'avoit garde d'effrayer ceux que les flammes déja élevées de tous costez, n'épouventoient pas.

Le Pére Spinola crut néanmoins devoir avertir les Bourreaux, de ne pas tirer avantage, s'ils voyoient que quelques-

R iiij

uns témoignaſſent de la foibleſ-
ſe. *Nous ne ſommes pas de fer,*
leur dît-il, *nous avons des corps*
mortels, & ſenſibles à la douleur.
J'eſpere néanmoins que Dieu nous
donnera la force de ſouffrir coura-
geuſement la mort, pour rendre
témoignage à la vraye Religion
que nous preſchons depuis tant
d'années dans ce Royaume.

Le Pére avoit un preſſenti-
ment que quelques-uns de cette troupe ne pérſévéreroient pas
juſqu'à la fin. Il s'en eſtoit ex-
pliqué dés la priſon, voyant
deux ou trois Japonois opinia-
ſtres, & intraitables ſur certaines choſes d'importance dont
on n'a pas appris le détail; di-
ſant tout haut: *Que comme au-*
trefois parmy les quarante Mar-
tyrs de Sébaſte, tous ne receûrent

pas la Couronne, il y en avoit
quelques-uns parmy eux, qui ne
la recevroient pas non-plus. Prédiction, qu'il avoit souvent ré-
pétée dans le chemin, disant,
*Qu'il se sentoit le cœur serré de
la crainte qu'il avoit que quelques-uns d'entre eux, ne trou-
blassent la joye d'une si heureuse
journée.*

L'événement ne fit que trop
voir que ses pressentimens n'e-
stoient pas vains. Ces trois mal-
heureux, qui se nommoient
Dominique Tandu, Jacques
Chimbaïe, & Paul Nangasci,
sentant les flammes, n'en pouvant souffrir la rigueur, fortirent du buscher, & renoncé-
rent à la Foy, malgré les ferventes exhortations de Loüis
Cavara l'un de nos Novices,

qui se trouva par hazard auprés
d'eux , & qui plus sensible au
péril où il les vît par l'impatience qu'ils faisoient paroistre ,
qu'au tourment du feu qu'il en-
duroit avec eux , ne cessa de les
encourager jusqu'à leur cheûte.
Quelques-uns disent néanmoins
que le dernier ne donna pas des
marques certaines d'apostasie ,
comme les deux autres , n'ayant
point invoqué Amida , qui est
l'Idole du Japon. D'autres mesme ajoutent qu'il retourna de
son propre mouvement au poteau , & y consomma son Martyre. Heureux , si cela est vray ,
d'avoir fait de luy-mesme avec
tant de fruit , ce que le Juge fit
faire aux deux autres malgré
eux. Car soit par quelque raison
qui n'est pas venuë à nostre con-

noiſſance , ſoit par un capri-
ce de Barbare , il les fit rejetter
dans le feu , où ils finirent leur
vie dans le ſupplice , allant en
Enfer par le meſme chemin qui
conduiſit les autres à la Gloire.

On peut dire que les Saints
Martyrs ne furent ſenſibles qu'à
cét accident, quoique leur ſupplice fuſt horrible: car il y en eût
qui y furent trois heures depuis
les prémiéres approches du feu;
les Bourreaux ayant ſoin de
l'arreſter dans les endroits où
il gagnoit trop viſte. Ce fut
dans cette eſpace de temps, que
ces Hommes dignes des pré-
miers ſiécles , conſommérent
leur Martyre avec leur charité,
tombant les uns aprés les autres.

Le prémier de tous qui cueïllît la palme aprés une heure & demie de tourment, fut noftre Charles Spinola, dont la compléxion délicate eftoit la moins capable de réfifter ; joint que quelques étincelles forties du bufcher, s'eftant attachées à fa robbe, y mirent le feu. Pendant tout le temps de fon supplice, il demeura droit & immobile, les yeux toûjours élevez au Ciel, offrant à Dieu le facrifice de fon corps, qui s'ufant ainfi peu-à-peu, & tombant confumé par les flammes, donna la liberté à fa belle ame d'aller recevoir la couronne, qu'une vie fi fainte & une mort fi heroïque luy avoient juftement méritée.

Le Pére Sébaftien Kimura le prémier des Japonois qui ait

esté fait Prestre, petit-fils d'un autre Kimura qui avoit esté le prémier que Saint François Xavier avoit baptisé au Japon, parent de nostre Frére Léonard Kimura, d'Antoine, & de Marie Kimura, tous martyrisez en divers temps, ce Pére, dis-je, fut le dernier de cette troupe, qui aprés une pareille constance pendant trois heures que dura son suplice, rendit son ame à son Créateur. Ce fut le dixiéme de Septembre de l'an 1622. qu'arriva cette grande action, qu'on appella le Grand Martyre, soit par le mérite des Martyrs, soit par leur nombre, qui fut de cinquante-deux ou cinquante-trois personnes.

En quoy il semble que Dieu voulut un an aprés rendre semblable au Pére Spinola, son cher compagnon le Pére Jérosme des Anges, qui aprés une pareille vie mourut du mesme genre de mort à la teste d'une troupe de cinquante Martyrs, à Yendo où l'Empereur du Japon faisoit en ce temps-là sa demeure.

On ne voulut jamais permettre que les Chrestiens enlevassent les saints corps, comme ils le demandoient avec instance. On accorda seulement à quelques-uns la teste de Marie, Femme de Zocuan aussi Martyr, parce qu'elle estoit parente de Féizo. Les autres aprés avoir esté trois jours exposez au lieu du supplice, avec des Gardes bien armez, pour empescher qu'on ne les enlevast, furent jettez dans une

fosse avec les instrumens de leur
martyre & ce qui avoit esté à
eux, & le tout fut réduit en
cendres, dont on emplît des
sacs, qu'on alla jetter au vent
au milieu de la mer. On enleva
jusqu'à la terre, qui avoit esté
teinte de leur sang, pour n'en
laisser aucun vestige.

Mais c'est en vain que ces
Barbares ont crû par là empescher les Chrestiens d honorer la
mémoire du Pére Spinola, & de
ses illustres compagnons. Pendant qu'ils taschoient d'obscur-
cir leur gloire, le Ciel prenoit
soin de la faire éclater par des lumiéres que l'on vît luire la nuit
qui suivit leur éxécution, sur le
lieu où leurs corps estoient
exposez, si nous en croyons les
informations, qui par ordre

du Souverain Pontife furent
faites à Manille en l'année 1630.
où l'on trouve qu'un Emmanuël de Soza a assuré avec ser-
ment, que luy, & un de ses amis
nommé Simon Paëz, avoient
veû cette clarté durant deux
heures ; & où il est porté de
plus, qu'en ce temps-là on disoit à Nangazaqui comme une
chose tres asseûrée , que des
Chrestiens qui estoient la nuit
dans un vaisseau , assez prés du
mesme lieu, y avoient aussi veû
ces lumiéres , entre lesquelles il y en avoit une beaucoup
plus claire que les autres ; & que
ceux-là s'estant hazardez à ques-
tionner là-dessus les Gardes ,
ces Idolâtres leur avoient avoüé
qu'ils avoient veû cette mesme
nuit les testes des Martyrs qui

avoient

avoient esté décapitez, s'aller rejoindre à leurs corps, & que ces
corps s'élevant sur leurs pieds,
avec ceux qui estoient morts
dans le feu, avoient fait sur la
Sainte Montagne, une espéce
de marche de triomphe, chantant, & portant des flambeaux
dans leurs mains, entre lesquels
celuy du Pére Spinola estoit
plus lumineux que les autres : ce
qui estant venu aux oreilles du
Gouverneur, il avoit fait défense aux Gardes d'en parler,
sur peine de la vie.

Quoy qu'il en soit de ce pro-
dige, dont nos Martyrs n'ont
pas besoin pour mériter nostre
respect, il est vray de dire avec le
Saint Esprit, que leurs ames es- Sap. 3.
tant dans les mains de Dieu,
n'ont point senti le tourment

S

de la mort, puis qu'ils ne sont
morts qu'aux yeux des insensez;
que leurs corps sont ensevelis en
paix, & que leurs noms vivront
éternellement en vénération
parmi les Fidelles, qui n'at-
tendent que l'oracle du Vicaire
de Jesus-Christ pour leur rendre les honneurs solemnels,
qu'Vrbain V I I I. avoit dessein
de leur faire rendre par toute
l'Eglise.

F I N.

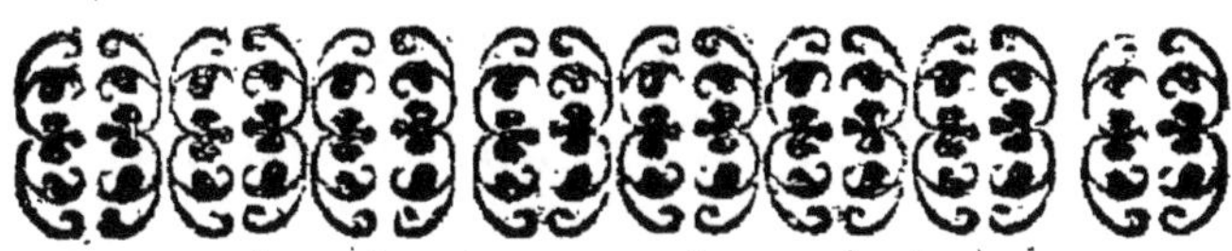

PRIERE COMPOSE'E

par le Pére Spinola, qu'il
récitoit tous les jours.

*ADORO te, sancta Trinitas,
Pater, Filius, & Spiritus
Sanctus, Deus meus, & omnia.
Gratias ago tibi pro Creatione, Redemptione, Conservatione. Sanctissimis Sacramentis, Vocatione
ad hanc Societatem, & pro omnibus innumerisque beneficiis mihi & toti mundo concessis. En,
Domine mi, me totum, & quidquid intrà me & extrà me est, cogitationes, verba, opera hujus diei,
ac totius vitæ meæ, in sacratissimi Filÿ tui sanguine involutum,
in tui amorem & gloriam, ac præ-*

ximorum salutem tibi offero &
dedico. Aufer à me quidquid dif-
plicet in me , & da mihi quid-
quid tibi placet. Dirige , & poffi-
de me jugiter secundum benepla-
citum tuum. Da, per viscera Beatæ
Virginis , ut nunquam te offen-
dam, sed semper faciam tuam vo-
luntatem. Perfectionem in spiritu
Societatis IESV tribue , ut gau-
dium meum sit plenum. Perfunde
me spirituali lætitiâ , ut te in om-
nibus & ubique inveniam , ac
tandem per Martyrij palmam ad
te pervenire merear. Amen.

JE vous adore, Sainte Trinité,
Pére, Fils , & Saint Esprit,
mon Dieu, & mon tout. Je vous
remercie de ma Création, Ré-
demption, & Conservation, de
l'institution de vos Sacremens,

de ma Vocation à cette Compagnie; de ce nombre infini de
graces que vous m'avez faites,
& de celles que vous avez fait
à tout le monde. Me voilà, mon
Seigneur, tout couvert du sang
de vostre sacré Fils, qui vous
offre tout ce qui est au dedans
& au dehors de moy, mes pen-
sées, mes paroles, mes actions
de ce jour, & de toute ma vie,
je les consacre à vostre amour,
à vostre gloire, & au salut de
mon prochain. Ostez moy, Seigneur, tout ce qui vous déplaist
en moy, & me donnez tout ce
qui vous est agréable. Condui-
sez moy, & disposez toûjours
de moy selon vostre bon plaisir.
Accordez-moy, par les entrail-
de la Bien-heureuse Vierge, de
ne vous offenser jamais, & de

faire toûjours voſtre ſainte volonté. Donnez moy la perfection qui eſt ſelon l'eſprit de la Compagnie de J E S U S, afin que ma joye ſoit entiére. Répandez ſur moy cette joye ſpirituelle, afin que je vous trouve en tout & par tout, & qu'enfin couronné du Martyre je mérite d'arriver à vous. Ainſi ſoit-il.

AUTRE PRIERE QUE le Saint Martyr récitoit tous les jours.

Ignare, benigniſſime JESU, *per hoc ſanctum nomen tuum, eſſe mihi* JESUS, *& dare mihi ſpiritum Societatis* JESU. *Inſere, quæſo, cordi meo hoc amabile nomen tuum, ut ejus dulcedine*

pascar, ejusque amore ita ardeam,
ut moriar in te, JESU *mi dulcissi-*
mi, JESU *mi suavissime,* JESU
me dilectissime, invocato semper
hoc jucundissimo, hoc mellifluo,
hoc salutifero nomine tuo, JESU,
JESU, *Amen.*

DAignez, tres-doux JESUS,
par voſtre ſaint nom, m'e-
ſtre véritablement JESUS, & me
donner l'eſprit de la Compagnie de JESUS. Gravez, je vous
prie, dans mon cœur cet aimable nom, afin que je me nour-
riſſe de ſa douceur, & que je
fois tellement enflammé de ſon
amour, que je puiſſe mourir en
vous, mon tres doux, & mon
tres aimable JESUS, en invoquant
toûjours ce nom ſi doux, ſi aimable, & ſi ſalutaire, JESUS, JESUS,
Ainſi ſoit-il.

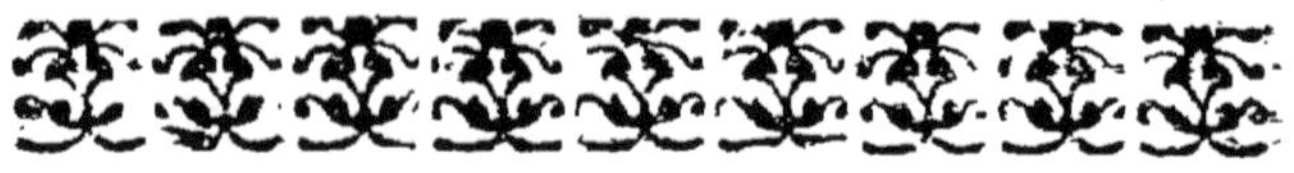

NOUVELLE COURONNE
de la Sainte Vierge, inventée par le P. Spinola en l'honneur des neuf mois qu'elle a porté Noftre Seigneur JE-SUS-CHRIST dans fes facrez flancs.

Bien-heureux le ventre qui vous a porté.

IL faut dire neuf fois l'*Ave Maria*, en méditant à chaque fois quelqu'un des Priviléges que Noftre Seigneur a accordé à la Sainte Vierge, en confidération des neuf mois qu'il a demeuré dans fes chaftes entrailles ; & prenant occafion de-là de la loüer, & de remercier

la

la bonté Divine de l'honneur qu'elle a fait à la Sainte Vierge, & d'honorer Marie elle mesme, en luy demandant quelque grace qui ait du rapport avec le privilége que nous honorerons.

Le prémier de ces priviléges est d'avoir esté véritablement Mére de Dieu, l'ayant conceû dans son sein par l'opération du Saint Esprit. J'en rendray graces à Dieu, je rendray mes hommages à cette glorieuse Mére, & la prieray de m'obtenir la grace de participer en quelque façon à sa Maternité, obéissant fidellement à la volonté de Dieu, selon cette parole de l'Ecriture, *Quiconque fait la volonté de mon Pére qui est dans les Cieux, c'est ce-*

T

luy-là qui est ma Mére, mon Frére, & ma Sœur.

Le second est d'avoir esté Mére, & Vierge tout-ensemble, joignant par un grand miracle la fécondité à la virginité. Priez Jesus-Christ par les mérites de sa sainte Mére, qu'il vous accorde une grande abondance de toute sorte de biens spirituels, accompagnez d'une grande pureté de corps, & d'esprit.

Le troisiéme est d'avoir porté Jesus-Christ dans son sein, sans ressentir aucune incommodité de sa grossesse, n'en recevant au contraire que du soulagement. Demandez qu'il ne vous soit jamais rude de porter le joug du Seigneur, & que l'observation de sa loy vous soit toûjours agréable.

Le quatriéme est d'avoir esté exempte des douleurs de l'enfantement, ausquelles toutes les autres Méres sont sujettes, & de n'avoir ressenty dans le sien qu'une joye indicible. Priez la Bien-heureuse Vierge de vous obtenir la grace d'enfanter spirituellement Dieu dans vous-mesme, en éxécutant avec joye toutes vos bonnes résolutions, & de vous donner le courage de surmonter toutes les peines, & toutes les difficultez qui se rencontrent dans la pratique de la vertu.

Le cinquiéme consiste en ce qu'aprés avoir renfermé dans ses flancs un Dieu que le Ciel & la Terre ne sont pas capables de comprendre , ce Dieu l'a comblée d'une plénitude de graces qui surpasse infiniment celle de tous les Saints. Priez JESUS-CHRIST par cette bonté infinie qui l'a obligé de s'enfermer neuf mois dans le sein d'une Vierge qu'il vous rende capable des graces qu'il a resolu de toute éternité de vous faire , supposé que vous ne vous y opposiez pas.

Le sixiéme est que le Verbe Eternel , aprés s'estre revestu de nostre chair dans les sacrées entrailles de la Bien-heureuse Vierge, l'a consacrée en qualité de Souverain Pontife, comme le temple vivant, & le véritable tabernacle de la Divinité, selon cette parole du Pseaume; *Le tres haut a sanctifié son ta-*

bernacle. Priez Dieu par l'in-
terceſſion de la ſainte Vierge,
que puis que par le Bapteſme
vous eſtes devenu le temple
du Saint Eſprit, vous puiſſiez
conſerver ſon temple exempt
de toute corruption.

Le ſeptiéme eſt, que JESUS-
CHRIST eſtant le vray pain de
vie, le chaſte ſein de Marie a
eſté comme le grenier public,
d'où a eſté tiré le froment des
éleûs, dont on fait le pain ſacré
de l'Euchariſtie, pour la nourriture de tous les Fidelles ; en
ſorte qu'on luy peut appliquer
cette parole du Cantique ; *No-*
ſtre ventre eſt comme un amas
de bled. Priez la Bien-heureuſe
Vierge, que comme elle a eſté
ſi liberale à fournir à tous les
hommes ce pain céleſte, elle

vous obtienne la grace d'en manger avec tout le respect, & la dévotion que demande un si auguste mystére.

Le huitiéme est que comme Jesus-Christ a esté le second Adam, mais un Adam tout céleste & tout divin, pendant qu'il a demeuré caché dans les sacrez flancs de Marie, il l'a renduë une seconde Eve, qui nous a régénérez en Jesus-Christ, & nous a fait les enfans adoptifs de Dieu, au-lieu que la prémiére Eve nous avoit fait naistre enfans de colére. Recourez comme un bon Fils à cette bonne Mére, & la priez de vous prendre sous sa protection, & de vous délivrer des miséres, ausquelles la prémiére Eve nous a assujettis.

Le neufviéme est qu'apres le séjour que JESUS-CHRIST a fait dans les entrailles de Marie, elle est devenuë un Paradis de délices, ou plustost un Ciel Empirée toûjours environné d'un grand nombre d'Esprits Bien-heureux ; ces célestes Intelligences ne pouvant se lasser de contempler un spectacle aussi admirable, qu'est celuy de voir un Dieu enfermé dans le sein d'une Vierge. Priez Dieu qu'il fasse de vostre ame un Paradis de sa divine Maiesté, & qu'il en arrache ces ronces & ces épines, qui en avoient fait une forest stérile & sauvage.